ALPHAPLUS

Basiskurs Alphabetisierung | Deutsch als Zweitsprache

Peter Hubertus, Vecih Yaşaner

Cornelsen

Inhalt

	Laute/Buchstaben	Sprechabsichten	Wortfelder	Seite
1 Guten Tag!	A, M, L	jemanden begrüßen; sich vorstellen; nach dem Namen fragen; bei Nichtverständnis nachfragen	Grüße; Lebensmittel	4
2 Woher kommen Sie?	E, S, R	nach der Herkunft und dem Wohnort fragen; sagen, welche Sprachen man spricht; sagen, was man gern isst und trinkt	Ländernamen; Sprachen; Lebensmittel	18
Station 1				32
3 Was machen Sie?	O, N, D	nach dem Beruf, dem Familienstand und Hobbys fragen; über die eigene Familie sprechen; nach Gegenständen fragen; Gegenstände benennen; zählen	Berufe; Freizeitaktivitäten; Verwandtschaftsbezeichnungen; Gegenstände im Kurs; Zahlen bis 10	34
4 Was machen Sie gern?	I, F, G	über Hobbys und Tagesabläufe sprechen; sagen, was man (nicht) gern macht/isst/trinkt; etwas bestellen und bezahlen; zählen	Freizeitaktivitäten; Wochentage; Lebensmittel Zahlen bis 10	48
Station 2				62
5 Wo wohnen Sie?	U, B, T	nach der Adresse und der Telefonnummer fragen; nach dem Befinden fragen; nach Gegenständen fragen; Gegenstände benennen; rechnen (Addition bis 10)	Adresse; Telefonnummer; Adjektive (Wie geht es Ihnen?); Farben	64
6 Wann haben Sie Zeit?	Ei, K, W	nach der Uhrzeit fragen; sich verabreden; ein Formular ausfüllen; nach Gegenständen fragen; Gegenstände benennen; zählen und rechnen (Addition, Subtraktion bis 20)	Uhrzeiten; Tageszeiten; Wörter im Kursraum; Verkehrsmittel; Zahlen bis 20; Zehnerschritte	78
Station 3				92
7 Haben Sie Zeit?	Au, P, Z	sich verabreden; einen Termin ausmachen; offizielle Uhrzeiten verstehen; Fahrpläne lesen; zählen	Uhrzeiten (offiziell); Zeitwörter; Zahlen 21 bis 100	94

	Laute/Buchstaben	Sprechabsichten	Wortfelder	Seite
8 Wann sind Sie geboren?	Ä, H, V	nach dem Geburtstag, dem Geburtsort und dem Alter fragen; das Datum verstehen und nennen; eine Einladung zum Geburtstag verstehen; ein Formular ausfüllen; zählen	Monate; Jahreszahlen; Jahreszeiten; Feste und Feiertage; Zahlen bis 1000	108
Station 4				122
9 Was darf es sein?	Ö, J, Sch	Einkaufsdialoge führen; Einkaufszettel schreiben; Preise lesen; Werbeflyer verstehen; rechnen (Preise ausrechnen)	Einkaufen; Lebensmittel; Mengenangaben; Möbel	124
10 Was machen Sie jeden Tag?	Ü, St, Sp	über Tagesabläufe sprechen; sagen, wie man etwas findet; Zeitdauer ausdrücken; Notizzettel lesen; Postkarte lesen	Alltagsaktivitäten	138
Station 5				152
11 Gefällt Ihnen der Mantel?	Äu, Eu	sagen, wie man etwas findet; Werbeflyer lesen; Einkaufsdialoge führen; Orientierungstafeln lesen; rechnen (Preise ausrechnen)	Kleidung; Adjektive (Wie ist die Hose?)	154
12 Wie gefällt Ihnen die Wohnung?	Ch	über Wohnungen und Möbel sprechen; sagen, wie man etwas findet; eine Wohnungsanzeige verstehen; Einkaufsdialoge führen	Wohnung; Möbel; Adjektive (Wie ist die Wohnung?)	164
Station 6				174
13 Was tut Ihnen weh?	ie, C, ck	Arztgespräche führen; Körperteile benennen; sagen, wie man sich fühlt und was wehtut; eine Notiz lesen und schreiben; einen Termin ausmachen; Tipps geben; Arztschilder lesen	Körperteile; Krankheiten; Ärzte	176
14 Wie komme ich zum Bahnhof?	ß, Qu, X, Y	nach dem Weg fragen; den Weg beschreiben; Verkehrspläne (U-/S-Bahn) und Stadtpläne lesen	Verkehrsmittel; Stadt; wichtige Institutionen	190
Station 7				208

Bildkarten 210
Laute und Buchstaben 216
Das Wichtigste auf einen Blick 218
Tipps und Projekte 220

Guten Tag!

1 Sprechen und verstehen

a) Die Lernenden sprechen nach. CD 1.02

b) Die Lernenden stellen sich vor.

- Guten Tag, ich heiße Maria Weber. Wie heißen Sie?
- Guten Tag, ich heiße …

2 A: den Laut hören und sprechen

a) Sprechen Sie vor, die Lernenden sprechen nach.

b) Welcher Name fängt mit A an? Fragen Sie die Lernenden und schreiben Sie den Namen an die Tafel.

der ein **Arm**

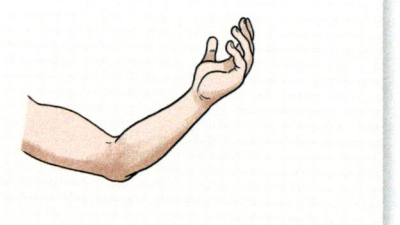

4 LEKTION 1

U	V	W	X	Y	Z	Ä	Ö	Ü	Ei		Au	Eu	Äu	Ch	Sch	St	Sp	
u	v	w	x	y	z	ä	ö	ü	ei	ie	au	eu	äu	ch	sch	st	sp	ck	ß

3 a und A schreiben

Die Lernenden schreiben.

LEKTION 1

4 A: den Laut identifizieren

Wo hört man A im Anlaut? Die Lernenden kreuzen an. CD 1.03

8

5 a und A erkennen

Die Lernenden markieren a und A.

 ⓐ Ⓐ o R A a M i s a N A T u

Apfel   Tomate   Nase   Lippe   Salat   Tag   acht
Arm   Gurke   arbeiten   Mund   Ananas   Ampel
Guten Tag!

Eva und Ali fahren zum Markt.
Sie kaufen einen Salat und
vier Tomaten.
Zu Hause machen sie einen Salat.

U	V	W	X	Y	Z	Ä	Ö	Ü	Ei		Au	Eu	Äu	Ch	Sch	St	Sp		
u	v	w	x	y	z	ä	ö	ü	ei	ie	au	eu	äu	ch	sch	st	sp	ck	ß

6 Wörter lernen

a) Sprechen Sie vor, die Lernenden sprechen nach.

b) Welches Foto passt? Sprechen Sie vor, die Lernenden zeigen auf das Foto.

 der Apfel    die Banane    der Salat    das Salz    die Ananas

7 Wörter schreiben

_pfel   B_n_ne   S_l_t   S_lz   _n_n_s

Die Lernenden ergänzen a oder A.

8 Noch einmal üben

Die Lernenden zeichnen die gepunkteten Linien nach.

▶ Tipp siehe S. 220

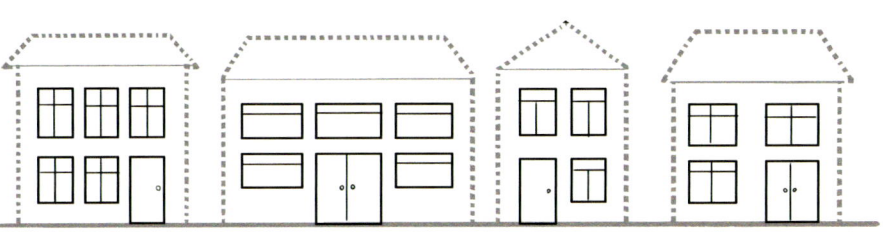 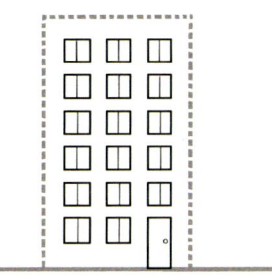

9 Hören und verstehen

a) Welches Foto passt? CD 1.04

b) Die Lernenden variieren die Dialoge.

7 LEKTION 1

1 Sprechen und verstehen

a) Welches Foto passt? Die Lernenden zeigen auf das Foto. CD 1.05

b) Die Lernenden sprechen nach. CD 1.05

c) Die Lernenden variieren den Dialog.

- Wie heißen Sie?
- Mein Name ist Ebru Alan. Und wie heißen Sie?
- Ich heiße Lin Wang.

2 M: den Laut hören und sprechen

a) Sprechen Sie vor, die Lernenden sprechen nach.

b) Welcher Name fängt mit M an?

▶ Tipp siehe S. 220

der ein **Mund**

8 LEKTION 1

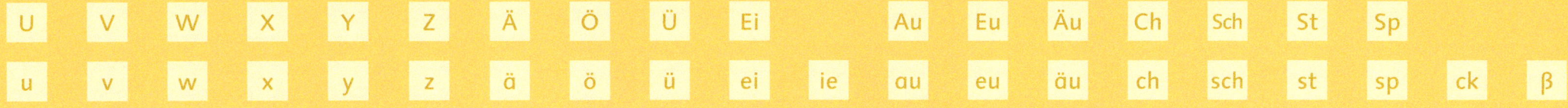

3 **m und M schreiben**

Die Lernenden schreiben.

 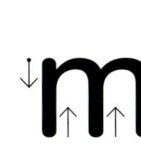 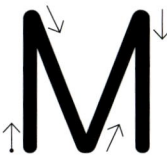 

m

M

m

M

4 M: den Laut identifizieren

Wo hört man M im Anlaut? Die Lernenden kreuzen an. CD 1.06

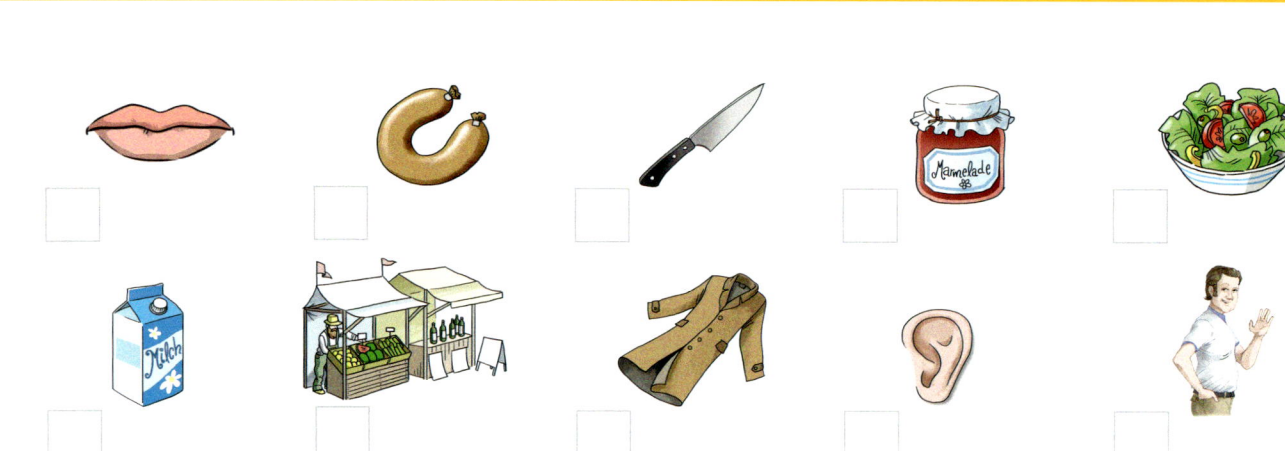

5 m und M erkennen

Die Lernenden markieren m und M.

(m) (M) A h M m W M j a N m n u

Mund   Tomate   Apfel   Salat   Arm   Mann   Salami
Marmelade   Melone   nehmen   Mantel   Wurst   Milch

Am Mittwoch fährt Mona mit dem Mofa zum Markt.
Heute kauft sie Milch, eine Melone und Birnen.

10 LEKTION 1

| U | V | W | X | Y | Z | Ä | Ö | Ü | Ei | | Au | Eu | Äu | Ch | Sch | St | Sp | | |
| u | v | w | x | y | z | ä | ö | ü | ei | ie | au | eu | äu | ch | sch | st | sp | ck | ß |

6 Wörter lernen

Sprechen Sie vor, die Lernenden sprechen nach.

die Milch   die Salami   die Marmelade   die Melone   die Tomate

7 Wörter schreiben

__ilch   Sala__i   __ar__elade   __elone   To__ate

Die Lernenden ergänzen m oder M.

8 Noch einmal üben

Die Lernenden zeichnen die gepunkteten Linien nach.

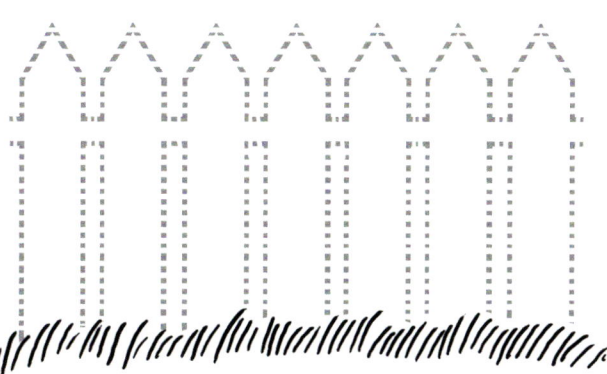

9 Sprechen und verstehen

Die Lernenden spielen Dialoge.

■ Guten Tag!
● Hallo!

■ Auf Wiedersehen!
● Tschüss!

11   LEKTION 1

1 Sprechen und verstehen

a) Die Lernenden sprechen nach. CD 1.07

b) Die Lernenden variieren den Dialog.

■ Ich heiße Irene Reno.

• Wie bitte? Ich verstehe nicht.

■ Mein Name ist Irene Reno. Und wie heißen Sie?

• Mein Name ist …

2 L: den Laut hören und sprechen

a) Sprechen Sie vor, die Lernenden sprechen nach.

b) Welcher Name fängt mit L an?

die eine **L**ampe

3 Laute hören und Buchstaben erkennen

Was ist das? Die Lernenden verbinden.

die **L**ampe   der **A**pfel   die **M**ilch

12 LEKTION 1

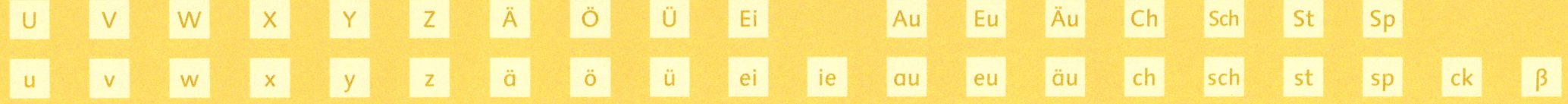

4 l und L schreiben

Die Lernenden schreiben.

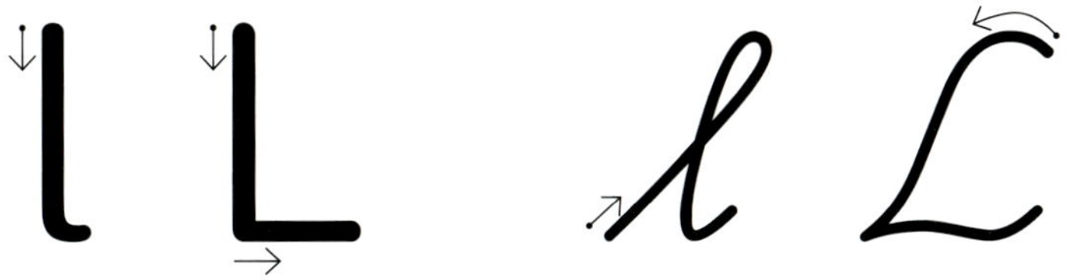

13 LEKTION 1

5 **L: den Laut identifizieren**

Wo hört man L im Anlaut? Die Lernenden kreuzen an. CD 1.08

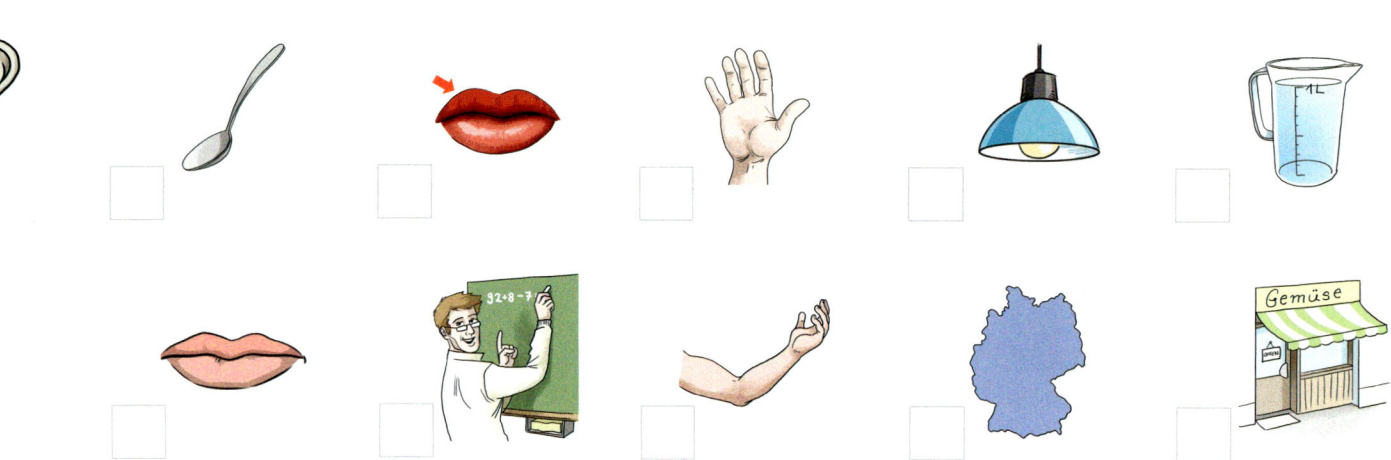

6 **l und L erkennen**

Die Lernenden markieren l und L.

Ⓛ Ⓛ y J l A b 1 L a M L D m l

Lippe   Kopf   Salz   Salat   Gabel   Löffel   Teller
Ball   Schokolade   Liter   Laden   Glas   Lampe   Arm

Anna will Pizza backen.
Tarek kauft Salami, Zwiebeln und Pilze bei Lidl.
Er macht einen kleinen Salat.

U	V	W	X	Y	Z	Ä	Ö	Ü	Ei		Au	Eu	Äu	Ch	Sch	St	Sp		
u	v	w	x	y	z	ä	ö	ü	ei	ie	au	eu	äu	ch	sch	st	sp	ck	ß

7 Wörter lernen

Sprechen Sie vor, die Lernenden sprechen nach.

der Teller   das Glas   der Löffel   die Gabel   das Messer

8 Wörter schreiben

Die Lernenden ergänzen l oder L.

Te___er   G__as   __öffe__   Gabe__

9 Noch einmal üben

Die Lernenden zeichnen die Linie nach.

10 Hören und verstehen

Grüße in Deutschland. Kennen die Lernenden die Grüße? CD 1.09

▶ Tipp siehe S. 220

15 LEKTION 1

A	B	C	D	E	F	G	H	I	J	K	**L**	**M**	N	O	P	Qu	R	S	T
a	b	c	d	e	f	g	h	i	j	k	**l**	**m**	n	o	p	qu	r	s	t

Buchstaben – Laute – Silben

1 Sprechen und verstehen

a) Sprechen Sie vor, die Lernenden sprechen nach.

b) Die Lernenden arbeiten zu zweit. Sie zeigen auf ein Bild und der/die andere nennt den passenden Gruß.

Guten Morgen!   Guten Tag!   Guten Abend!   Gute Nacht!

2 A, M, L: die Laute hören

Was hört man im Anlaut? Die Lernenden schreiben. CD 1.10

3 Wörter schreiben

Die Lernenden ergänzen die Buchstaben.

      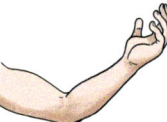

__ ampe   __ und   __ rm

__ pfel   __ öffel   __ armelade

16 LEKTION 1

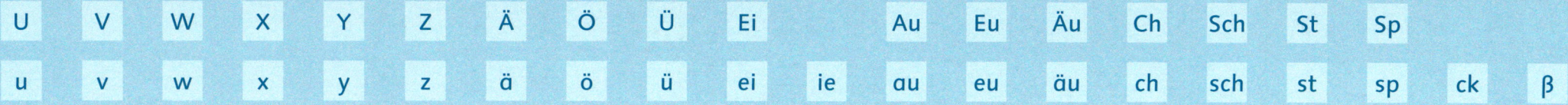

U	V	W	X	Y	Z	Ä	Ö	Ü	Ei		Au	Eu	Äu	Ch	Sch	St	Sp		
u	v	w	x	y	z	ä	ö	ü	ei	ie	au	eu	äu	ch	sch	st	sp	ck	ß

4 Buchstaben erkennen

Wo sind die Buchstaben versteckt? Die Lernenden markieren.

a A m M l L

A ͣa M m L d R K ᴸA l B ᵛA ͣa ᶜo
F M m H e M m i a n L l S t

5 Silben hören und lesen

a) Sprechen Sie vor, die Lernenden sprechen nach.

b) Wo hört man ma und la im Anlaut? CD 1.11

l a   L a   m a   M a   a l   a m
la   La   ma   Ma   al   am

6 Wörter lesen

Die Lernenden lesen.

Mama   Lama   mal   Amal   am

7 Silben schreiben

a) Die Lernenden schreiben.

b) Die Lernenden hören und schreiben. CD 1.12

Mama Lama

Woher kommen Sie?

1 Sprechen und verstehen

a) Woher kommen die Personen? CD 1.13

b) Die Lernenden sprechen nach. CD 1.13

c) Die Lernenden variieren den Dialog.

▶ Tipp siehe S. 220

■ Ich komme aus Deutschland. Woher kommen Sie?

● Ich komme aus …

2 E: den Laut hören und sprechen

a) Sprechen Sie vor, die Lernenden sprechen nach.

b) Welche Wörter fangen mit E an?

der ein **Elefant**

3 Laute hören und Buchstaben erkennen

Was ist das? Die Lernenden verbinden.

   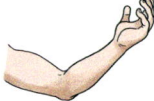 

der **A**rm   die **L**ampe   der **M**und   der **E**lefant

4 e und E schreiben

Die Lernenden schreiben.

e E ℓ ℰ

e

E

ℓ

ℰ

19 LEKTION 2

5 E: den Laut identifizieren

Wo hört man E im Anlaut? Die Lernenden kreuzen an. CD 1.14

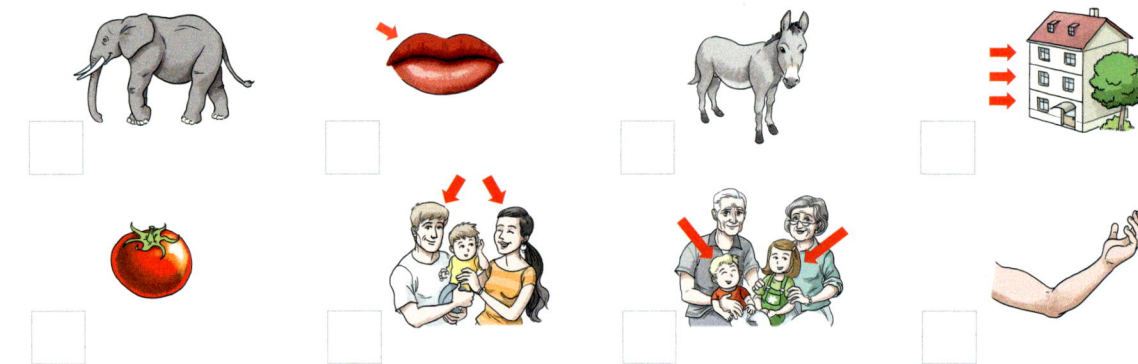

6 e und E erkennen

Die Lernenden markieren e und E.

▶ Tipp siehe S. 220

Elefant   Apfel   Tee   Nase   Lippe   Esel   Enkel
Gurke   Arm   Etage   essen   Mund   Gabel   Eltern

Zum Frühstück essen Ella und Stefan Brötchen mit Käse und Marmelade.
Ella trinkt eine Tasse Tee.
Stefan trinkt lieber Kaffee mit Milch und Zucker.

20   LEKTION 2

| U | V | W | X | Y | Z | Ä | Ö | Ü | Ei | | Au | Eu | Äu | Ch | Sch | St | Sp | | |
| u | v | w | x | y | z | ä | ö | ü | ei | ie | au | eu | äu | ch | sch | st | sp | ck | ß |

7 Wörter lernen

a) Sprechen Sie vor, die Lernenden sprechen nach.

b) Die Lernenden bilden Sätze.

 Wir essen gern Pizza.  Ich trinke gern Kaffee. Ich esse gern Schokolade.

8 Wörter schreiben

Die Lernenden ergänzen e.

Ich __ss__ g__rn Pizza.   Wir trink__n g__rn T____.

9 Noch einmal üben

Die Lernenden zeichnen die Buchstaben nach.

E _____

e _____

10 Sprechen und verstehen

Die Lernenden spielen Dialoge.

■ Was essen Sie gern?   ■ Was trinken Sie gern?

21 LEKTION 2

1 Sprechen und verstehen

a) Welche Sprachen sprechen die Personen? CD 1.15

b) Die Lernenden sprechen nach. CD 1.15

c) Die Lernenden variieren den Dialog.

- Ich komme aus Deutschland. Ich spreche Deutsch. Woher kommen Sie?
- Ich komme aus … Ich spreche … Und Sie?
- Wir kommen aus … Wir sprechen …

2 S: den Laut hören und sprechen

a) Sprechen Sie vor, die Lernenden sprechen nach.

b) Welche Wörter fangen mit S an?

der ein **Salat**

3 Laute hören und Buchstaben erkennen

Was ist das? Die Lernenden verbinden.

der Löffel   das Messer   der Salat   der Apfel

22 LEKTION 2

4 s und S schreiben

Die Lernenden schreiben.

s S

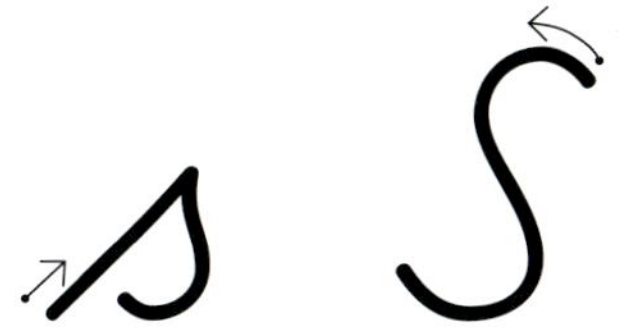

s

S

5 S: den Laut identifizieren

Wo hört man S im Anlaut? Die Lernenden kreuzen an. CD 1.16

6 s und S erkennen

Die Lernenden markieren s und S.

(s) (S) b R S s Z i s z N S B u A s

Salat   Salz   Tomate   Reis   Saft   Esel   Suppe
Arm   Salami   Supermarkt   Obst   Nase   Wasser

Sie kaufen Lebensmittel im Supermarkt.
Sie kaufen Reis, Sahne, Obst und Gemüse.

U	V	W	X	Y	Z	Ä	Ö	Ü	Ei		Au	Eu	Äu	Ch	Sch	St	Sp		
u	v	w	x	y	z	ä	ö	ü	ei	ie	au	eu	äu	ch	sch	st	sp	ck	ß

7 Wörter lernen

Sprechen Sie vor, die Lernenden sprechen nach.

▶ Tipp siehe S. 220

der Zucker das Wasser der Saft der Käse der Reis

8 Wörter schreiben

Die Lernenden ergänzen s oder S.

__alz   Wa__ __er   __aft   __alami   Kä__e

9 Noch einmal üben

Die Lernenden zeichnen die Buchstaben nach.

S _____

10 Sprechen und verstehen

a) Welche Sprache spricht die Person? Die Lernenden kreuzen an. CD 1.17

b) Die Lernenden spielen Dialoge.

- Sprechen Sie Deutsch?
- Ja, ein bisschen.
- Sprechen Sie Japanisch?
- Nein.

| A | B | C | D | E | F | G | H | I | J | K | L | M | N | O | P | Qu | **R** | S | T |
| a | b | c | d | e | f | g | h | i | j | k | l | m | n | o | p | qu | **r** | s | t |

1 Sprechen und verstehen

a) Wo wohnen die Personen? CD 1.18

b) Die Lernenden sprechen nach. CD 1.18

c) Die Lernenden variieren den Dialog.

d) Die Lernenden suchen ihren Wohnort auf der Deutschlandkarte.

■ Ich wohne in München. Wo wohnen Sie?

● Ich wohne in Landshut.

■ Wie bitte? Wo wohnen Sie?

● Ich wohne in Landshut.

2 R: den Laut hören und sprechen

a) Sprechen Sie vor, die Lernenden sprechen nach.

b) Welche Wörter fangen mit R an?

das ein **R**adio

3 Laute hören und Buchstaben erkennen

Was ist das? Die Lernenden verbinden.

das **R**adio   die **M**ilch   die **S**alami   der **A**bend

26 LEKTION 2

4 r und R schreiben

Die Lernenden schreiben.

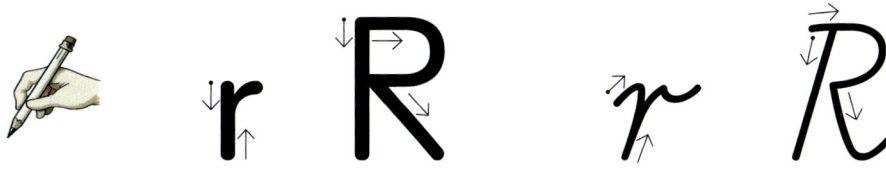

r

R

Arm

r

R

Arm

27 LEKTION 2

A	B	C	D	E	F	G	H	I	J	K	L	M	N	O	P	Qu	**R**	S	T
a	b	c	d	e	f	g	h	i	j	k	l	m	n	o	p	qu	**r**	s	t

5 R: den Laut identifizieren

Wo hört man R im Anlaut?
Die Lernenden kreuzen an. CD 1.19

6 r und R erkennen

Die Lernenden markieren r und R.

(r) (R) o P R r M i s R B r T u A

Radio   Apfel   Rücken   Reis   Gurke   Arm   Restaurant
Brot   Gabel   Zucker   Paprika   Pizza   Rad   Rock   Butter

Katrin geht in ein Restaurant.
Sie trinkt Apfelsaft und isst
eine Pizza mit Paprika und Salami.
Es gibt auch Brot mit Butter.

LEKTION 2

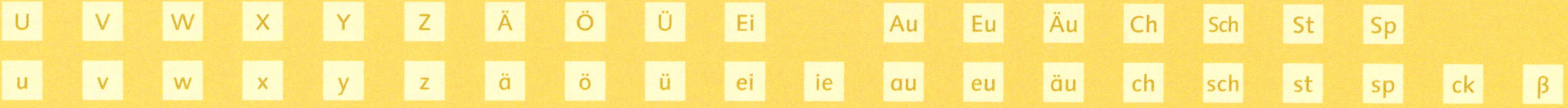

7 Wörter lernen

a) Sprechen Sie vor, die Lernenden sprechen nach.

b) Sprechen Sie vor, die Lernenden sprechen nach.

c) Was essen die Lernenden gern? Die Lernenden variieren.

das Restaurant   das Brot   die Butter   die Paprika   die Suppe

Brot mit Butter   Pizza mit Salami
Brot mit Butter und Käse   Pizza mit Salami und Paprika

8 Wörter schreiben

Die Lernenden ergänzen r oder R.

__estau__ant   B__ot   Butte__   Pap__ika

9 Noch einmal üben

Die Lernenden zeichnen die Buchstaben nach.

R _____

r _____

A	B	C	D	E	F	G	H	I	J	K	L	M	N	O	P	Qu	R	S	T
a	b	c	d	e	f	g	h	i	j	k	l	m	n	o	p	qu	r	s	t

Buchstaben – Laute – Silben

1 Sprechen und verstehen

Was passt nicht in die Bilderreihen?
Die Lernenden streichen durch.

2 E, S, R: die Laute hören

Was hört man im Anlaut?
Die Lernenden schreiben. CD 1.20

3 Wörter schreiben

Die Lernenden ergänzen
die Buchstaben.

__alat   __ssen   __lefant   __adio   __alz

30 LEKTION 2

| U | V | W | X | Y | Z | Ä | Ö | Ü | Ei | | Au | Eu | Äu | Ch | Sch | St | Sp | | |
| u | v | w | x | y | z | ä | ö | ü | ei | ie | au | eu | äu | ch | sch | st | sp | ck | ß |

4 Buchstaben erkennen

Wo sind die Buchstaben versteckt?
Die Lernenden markieren.

5 Silben hören und lesen

a) Sprechen Sie vor, die Lernenden sprechen nach.

b) Wo hört man die Silben me, le, sa, re oder se im Anlaut? CD 1.21

me   la   sa   re   se   ra   le

me   la   sa   re   se   ra   le

6 Wörter lesen

Die Lernenden lesen.

Mama   Arm   Esel   Meer   Messer

7 Wörter schreiben

a) Die Lernenden schreiben.

b) Die Lernenden hören und schreiben. CD 1.22

Arm Esel Meer Messer

31 LEKTION 2

A	B	C	D	E	F	G	H	I	J	K	L	M	N	O	P	Qu	R	S	T
a	b	c	d	e	f	g	h	i	j	k	l	m	n	o	p	qu	r	s	t

Station 1

1 Laute hören und Buchstaben erkennen

Was ist das? Die Lernenden verbinden.

▶ Tipp siehe S. 221

die Milch   der Löffel   der Esel   das Salz   das Radio

2 Silben lesen

a) Die Lernenden lesen die Silben.

b) Welche Silben hört man? Die Lernenden markieren. CD 1.23

la	le	se		ra	sa	re
sa	ra	la		as	ma	me
re	ra	am		sa	es	le
er	re	se		al	la	se

3 Silben und Wörter lesen

Die Lernenden lesen die Silben.

    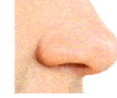  

Tomate   Messer   Salat   Nase   Elefant   Radio

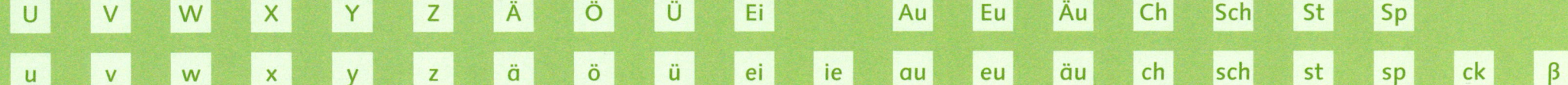

4 Wörter schreiben

a) Sprechen Sie die Wörter vor, die Lernenden schreiben.

b) Die Lernenden schreiben. CD 1.24

N____   To__t_   N_____
 mae   ema   aes

____t   _____i
 aalS   laSma

5 So funktioniert es

a) Die Lernenden sammeln Fragen an Sara.

b) Die Lernenden erzählen über sich.

Melle

Sara

Wie ...?
Woher ...?
Wo ...?
Was ...?

ich heiße	wir heißen	Sie heißen
ich komme	wir kommen	Sie kommen
ich wohne	wir wohnen	Sie wohnen

33 STATION 1

Was machen Sie?

1 Sprechen und verstehen

a) Welche Berufe kennen die Lernenden?

b) Die Lernenden sprechen nach. CD 1.25

c) Die Lernenden variieren den Dialog.

■ Ich bin Lehrerin. Was machen Sie?

● Ich bin Koch.

2 O: den Laut hören und sprechen

a) Sprechen Sie vor, die Lernenden sprechen nach.

b) Welche Wörter fangen mit O an?

das ein **Ohr**

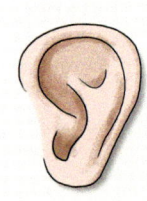

3 Laute hören und Buchstaben erkennen

Was ist das? Die Lernenden verbinden.

der Saft   das Ohr   die Lampe   der Reis   der Apfel

4 o und O schreiben

Die Lernenden schreiben.

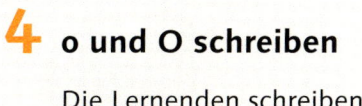

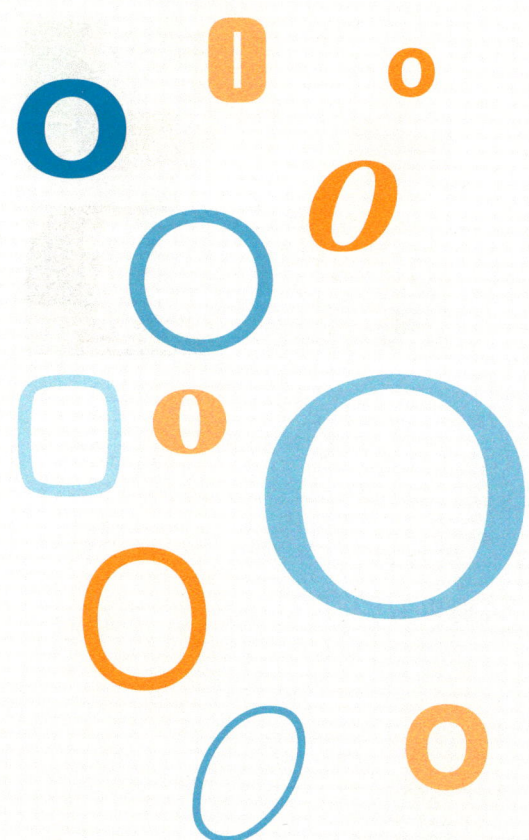

o

O

o

O

35 LEKTION 3

5 O: den Laut identifizieren

Wo hört man O: im Anlaut, Inlaut oder Auslaut? Die Lernenden kreuzen an. CD 1.26

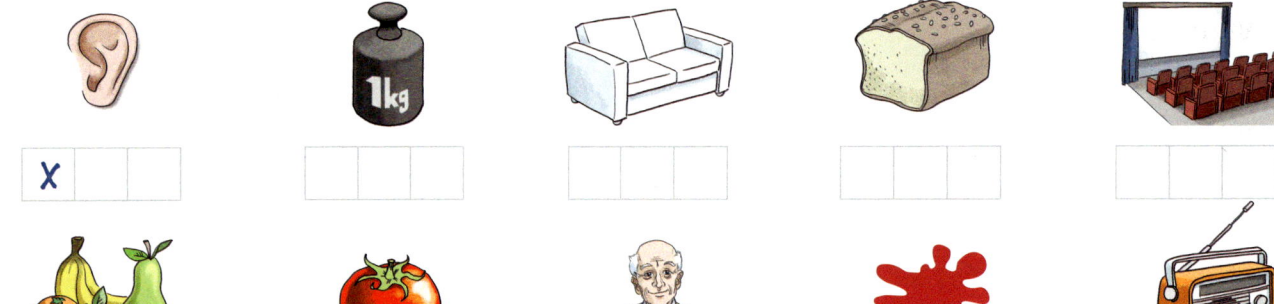

6 o und O erkennen

Die Lernenden markieren o und O.

⊙ Ⓞ O p E a r O U d o Q O T b o

Ohr   Lippe   Obst   Kino   Radio   Opa   Foto   Oma
Mund   Tomate   wohnen   Brot   Sofa   Gabel   Salat

Otto ist Koch. Er arbeitet in Offenbach.
Ulla ist Fotografin. Sie arbeitet in Ostheim.
Otto und Ulla wohnen in Frankfurt.

U	V	W	X	Y	Z	Ä	Ö	Ü	Ei		Au	Eu	Äu	Ch	Sch	St	Sp		
u	v	w	x	y	z	ä	ö	ü	ei	ie	au	eu	äu	ch	sch	st	sp	ck	ß

7 Wörter lernen

a) Sprechen Sie vor, die Lernenden sprechen nach und ordnen die Wörter zu.

b) Die Lernenden suchen Wortpaare (z. B. Oma und Opa).

c) Die Lernenden variieren den Dialog.

die Oma

die Mutter

die Tochter

der Opa

der Vater

der Sohn

■ Wer ist das?   ● Das ist die Mutter.

8 Wörter schreiben

Die Lernenden schreiben.

 _____   mOa

 __p____   aO

 __h____   oSn

 T__cht___   reo

9 Zählen lernen

a) Sprechen Sie die Zahlen vor, die Lernenden sprechen nach.

b) Die Lernenden schreiben.

 1    2    3   4   5

1   2

1 Sprechen und verstehen

a) Welches Foto passt? CD 1.27

b) Die Lernenden sprechen nach. CD 1.27

c) Die Lernenden fragen und antworten.

▶ Tipp siehe S. 221

■ Sind Sie verheiratet?
● Ja, ich bin verheiratet.

■ Sind Sie verheiratet?
● Nein, ich bin ledig.

2 N: den Laut hören und sprechen

a) Sprechen Sie vor, die Lernenden sprechen nach.

b) Welche Wörter fangen mit N an?

die eine **N**ase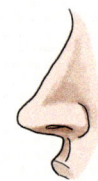

3 Laute hören und Buchstaben erkennen

Was ist das? Die Lernenden verbinden.

die **N**ase   die **O**ma   der **S**ohn   die **M**utter   die **L**ehrerin

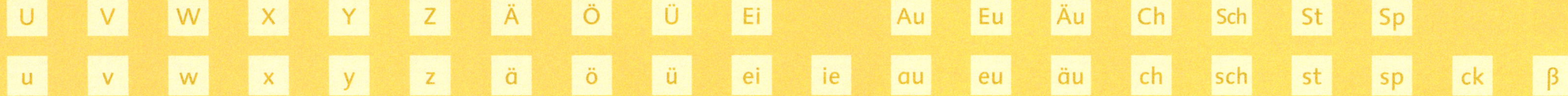

4 n und N schreiben

Die Lernenden schreiben.

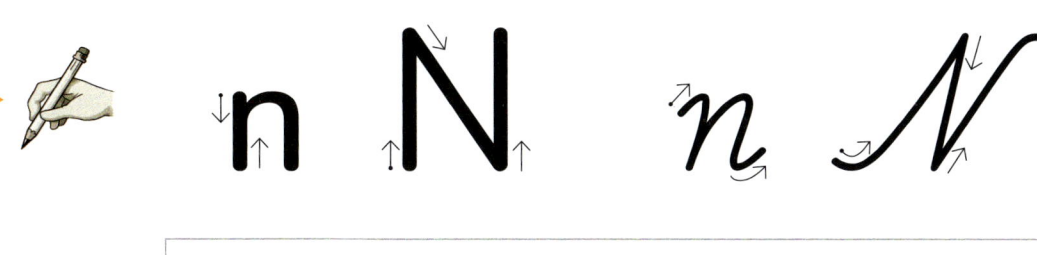

n

N

n

N

39 LEKTION 3

5 N: den Laut identifizieren

Wo hört man N: im Anlaut, Inlaut oder Auslaut? Die Lernenden kreuzen an. CD 1.28

▶ Tipp siehe S. 221

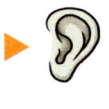

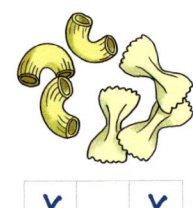    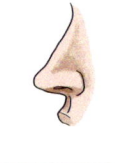

X X

6 n und N erkennen

Die Lernenden markieren n und N.

(n) (N) o N E M r n w m n O N V n u

Nase   Ohr   wohnen   Mund   Mann   Sohn   Radio
Nudeln   Arm   Oma   Name   fünf   kommen   Nacht

Rani besucht die Eltern in Nürnberg.
Der Bruder und die Kinder sind auch da.
Rani hat drei Nichten und zwei Neffen.

U	V	W	X	Y	Z	Ä	Ö	Ü	Ei		Au	Eu	Äu	Ch	Sch	St	Sp		
u	v	w	x	y	z	ä	ö	ü	ei	ie	au	eu	äu	ch	sch	st	sp	ck	ß

7 Wörter lernen

a) Sprechen Sie vor, die Lernenden sprechen nach.

b) Welche anderen Verwandtschaftsbezeichnungen kennen die Lernenden?

c) Wer ist das? Das ist/sind …
Die Lernenden fragen und antworten.

die Eltern

der Bruder   die Brüder

die Schwester   die Schwestern

das Kind   die Kinder

8 Wörter schreiben

Die Lernenden schreiben.

__ __ t __ __ __ __   B __ ud __ __ __   4 Ki __ d __ __ __
nrelE   rre   nre

9 Zählen lernen

a) Die Lernenden zählen von 1 bis 5 rückwärts.

b) Die Lernenden schreiben.

3   4

10 Sprechen und verstehen

a) Die Lernenden sprechen nach. CD 1.29

b) Die Lernenden variieren den Dialog.

■ Haben Sie Kinder?

● Ja, ich habe drei Kinder. Und Sie?

■ Nein. Wir haben keine Kinder.

1 Sprechen und verstehen

a) Welches Foto passt? Die Lernenden zeigen auf das passende Foto. CD 1.30

b) Die Lernenden sprechen nach. CD 1.30

c) Pantomime-Spiel: Ein/e Lernende/r spielt eine Tätigkeit vor, die anderen raten.

- Was machen Sie?
- Ich höre Musik.
- Ich lese Zeitung.
- Wir lernen Deutsch.
- Wir spielen Fußball.

2 D: den Laut hören und sprechen

a) Sprechen Sie vor, die Lernenden sprechen nach.

b) Welche Wörter fangen mit D an?

die eine **D**ose

3 Laute hören und Buchstaben erkennen

Was ist das? Die Lernenden verbinden.

ALI

die **S**alami   der **N**ame   der **O**pa   die **D**ose   das **R**adio

42 LEKTION 3

4 d und D schreiben

Die Lernenden schreiben.

43 LEKTION 3

5 **D: den Laut identifizieren**

Wo hört man D: im Anlaut oder Inlaut? Die Lernenden kreuzen an. CD 1.31

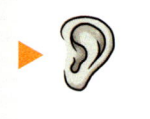   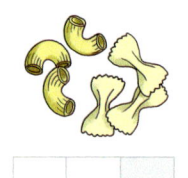 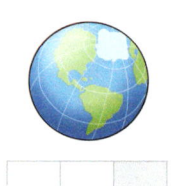 **3**

| x | | | | |

6 **d und D erkennen**

Die Lernenden markieren d und D.

 (d) (D) o d g D p b d e P q d a B D s

Dose   Bild   drei   Mund   Obst   Daumen   Radio   Nudeln
Marmelade   Gabel   Deutsch   Abend   Dach   Bruder

Ich lerne schon drei Monate Deutsch.
Der Deutschkurs ist immer am Dienstag und Donnerstag.
Ich fahre mit dem Fahrrad zum Deutschkurs.

7 Wörter lernen

a) Sprechen Sie vor, die Lernenden sprechen nach.
b) Wie heißt die Pluralform?
c) Die Lernenden variieren den Dialog.

▶ Tipp siehe S. 221

der Stift   das Heft   das Buch   die Tasche   das Bild

■ Wo ist der Stift?   ● Er liegt hier.

8 Wörter schreiben

Die Lernenden schreiben.

_____   __i__   ___p__   ____i

Dsoe   aoRd   aeLm   almSa

9 Zählen lernen

Die Lernenden schreiben.

 5

10 Sprechen und verstehen

a) Welches Foto passt? Die Lernenden sprechen nach. CD 1.32
b) Die Lernenden variieren die Dialoge.

 ■ Ist das ein Heft?
● Nein, das ist kein Heft. Das ist ein Buch.

 ■ Sind das Hefte?
● Nein, das sind keine Hefte. Das sind Bücher.

| A | B | C | **D** | E | F | G | H | I | J | K | L | M | **N** | **O** | P | Qu | R | S | T |
| a | b | c | **d** | e | f | g | h | i | j | k | l | m | **n** | **o** | p | qu | r | s | t |

Buchstaben – Laute – Silben

1 Sprechen und verstehen

a) Welche Bilder passen? Die Lernenden kreuzen an. CD 1.33

b) Die Lernenden stellen sich vor.

2 O, N, D: die Laute identifizieren

Wo hört man O, N, D?
Die Lernenden kreuzen an.

X

3 Buchstaben erkennen

Wo sind die Buchstaben versteckt?
Die Lernenden markieren.

O o N n D d

O N D d B k C E d
  o   m   d   N
G   n   J N n o p s
n o   d   o r D D

46 LEKTION 3

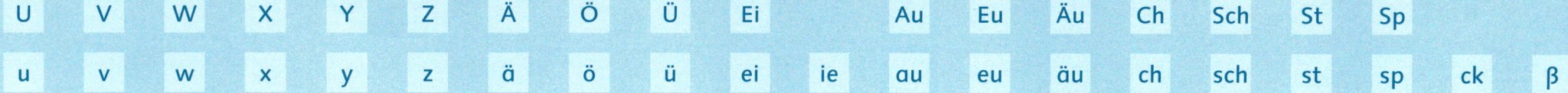

4 Silben hören und lesen

a) Sprechen Sie vor, die Lernenden sprechen nach.

b) Wo hört man na, do, ra oder mo im Anlaut? CD 1.34

c) Wie viele Silben haben die Wörter? Die Lernenden notieren die Silbenbögen.

▶ Tipp siehe S. 221

na do ra mo le se
Nase Dose Radio Mode lesen Sessel

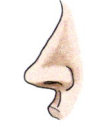    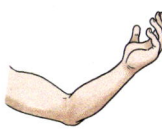

5 Wörter lesen

Die Lernenden lesen.

▶ Tipp siehe S. 221

das los Oma Dose Rama
Name Mama Laden Sonne

6 Silben und Wörter schreiben

a) Die Lernenden schreiben die Silben. CD 1.35

b) Die Lernenden schreiben die Wörter.

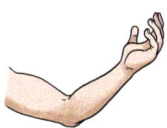   

Was machen Sie gern?

1 Sprechen und verstehen

a) Was machen die Personen?
Die Lernenden sammeln Wörter.

b) Was machen die Personen gern?
Die Lernenden kreuzen an. **CD 1.36**

c) Die Lernenden variieren die Dialoge.

- ■ Was machen Sie gern?
- • Ich singe gern. Und Sie?
- ■ Ich koche gern.

- ■ Was machst du gern?
- • Ich tanze gern. Und du?
- ■ Ich höre gern Musik.

2 I: den Laut hören und sprechen

a) Sprechen Sie vor, die Lernenden sprechen nach.

b) Welche Wörter fangen mit I an?

der
ein **Igel**

3 Laute hören und Buchstaben erkennen

Was ist das? Die Lernenden verbinden.

das Ohr   die Nudeln   die Dose   der Igel   die Lampe

4 i und I schreiben

Die Lernenden schreiben.

i l *i* J

49 LEKTION 4

5 I: den Laut identifizieren

Wo hört man I: im Anlaut oder Inlaut?
Die Lernenden kreuzen an. CD 1.37

| x | | | | | | | | | | | |

6 i und I erkennen

Die Lernenden markieren i und I.

 (i) (I) E L i A r a I O d T l i L F j s

Igel   sieben   drei   Mund   Insel   Birne   Radio   Lippe

Wir gehen ins Internet-Café. Dort trinken wir eine Cola.
Dann gehen wir in die Disko. Wir tanzen und hören Musik.

7 Zählen lernen

a) Sprechen Sie vor, die Lernenden sprechen nach.

b) Die Lernenden zählen von 1 bis 10.

c) Die Lernenden schreiben.

▶ Tipp siehe S. 221

  6    7    8   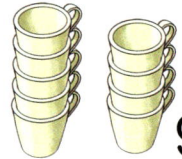 9   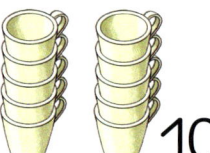 10

| U | V | W | X | Y | Z | Ä | Ö | Ü | Ei | | Au | Eu | Äu | Ch | Sch | St | Sp | | |
| u | v | w | x | y | z | ä | ö | ü | ei | ie | au | eu | äu | ch | sch | st | sp | ck | ß |

8 Wörter lernen

a) Sprechen Sie vor, die Lernenden sprechen nach.

b) Was machen die Lernenden gern? Die Lernenden fragen und antworten.

▸ Tipp siehe S. 222

Wir gehen gern in den Park.   Ich surfe gern im Internet.   Ich höre gern Musik.   Wir grillen gern mit Freunden.

9 Wörter schreiben

Die Lernenden schreiben.

__t_____t   T___f__   _u__k

nlerne    onele    iMs

10 Sprechen und verstehen

a) Was machen die Menschen? Die Lernenden beschreiben die Fotos.

b) Was macht Natascha? Was macht Hatice? Die Lernenden antworten. CD 1.38

c) Die Lernenden spielen den Dialog.

51 LEKTION 4

1 Sprechen und verstehen 👄

a) Was macht Uta nicht gern?
Die Lernenden antworten. CD 1.39

b) Die Lernenden variieren den Dialog.

■ Ich gehe gern spazieren. Und du, Uta?

● Ich nicht. Ich gehe nicht gern spazieren.
Ich gehe gern ins Kino.

2 F: den Laut hören und sprechen 👂

a) Sprechen Sie vor, die Lernenden sprechen nach.

b) Welche Wörter fangen mit F an?

der
ein **Fuß**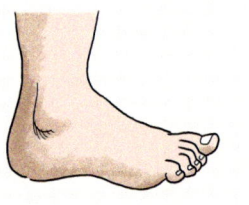

3 Laute hören und Buchstaben erkennen

Was ist das? Die Lernenden verbinden.

  **3**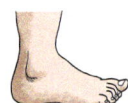

die Milch   der Apfel   der Fuß   der Igel   drei

4 f und F schreiben

Die Lernenden schreiben.

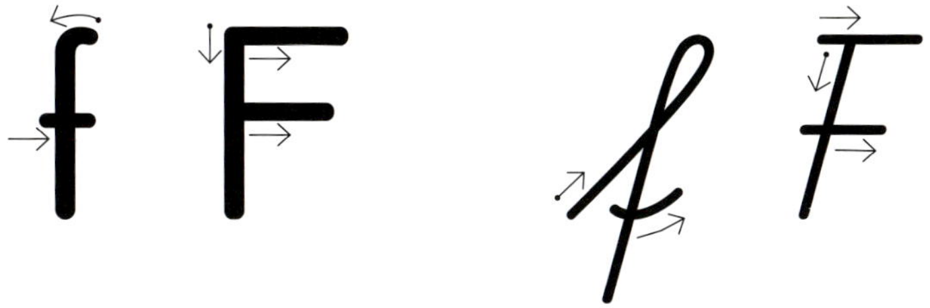

f F f F

f

F

f

F

53 LEKTION 4

5 F: den Laut identifizieren

Wo hört man F: im Anlaut, Inlaut oder Auslaut? Die Lernenden kreuzen an. CD 1.40

 5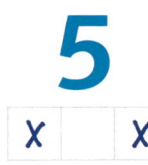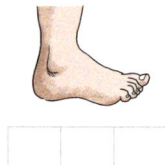

| X | X | | | | | | | | | | |

6 f und F erkennen

Die Lernenden markieren f und F.

 (f) (F) o E L D f r a F S f t A F T f

Fuß   Lippe   Fisch   Flasche   elf   fünf   Esel   Neffe

Eva feiert mit Freunden ein Fest.
Die Freunde kommen um fünf Uhr.
Sie essen Fisch und Kartoffeln.

7 Zählen lernen

a) Die Lernenden lesen die Zahlen. Welche Zahlen von 1 bis 10 fehlen?

b) Die Lernenden schreiben.

 8    9

8 Wörter lernen

a) Sprechen Sie vor, die Lernenden sprechen nach.

der Fisch   das Fleisch   das Gemüse   das Obst   die Wurst

b) Was isst und trinkt die Person gern? Die Lernenden kreuzen an. CD 1.41

c) Die Lernenden erzählen, was sie gern essen und trinken.

9 Wörter schreiben

Die Lernenden schreiben.

____z   T____t   _____t   __p_____
lSa 🧂   oema 🍅   lSaa 🥗   fAel 🍏

10 Sprechen und verstehen

Die Lernenden variieren die Dialoge mit Sie und du.

■ Essen Sie Fisch?   ■ Isst du Fleisch?   ■ Trinken Sie Milch?
● Nein, ich esse keinen   ● Nein, ich esse kein   ● Nein, ich trinke keine
  Fisch.   Fleisch.   Milch.

LEKTION 4

1 Sprechen und verstehen

a) Wann machen die Personen was? CD 1.42

b) Die Lernenden sprechen nach. CD 1.42

c) Wochentage. Sprechen Sie vor, die Lernenden sprechen nach.

d) Die Lernenden variieren die Dialoge.

Montag	Dienstag	Mittwoch	Donnerstag	Freitag	Samstag	Sonntag
1	2	3	4	5	6	7

■ Frau Weber, wann gehen Sie ins Café?
● Am Montag.

■ Ali, wann gehst du tanzen?
● Am Donnerstag.

2 G: den Laut hören und sprechen

a) Sprechen Sie vor, die Lernenden sprechen nach.

b) Welche Wörter fangen mit G an?

die eine **Gabel**

3 Laute hören und Buchstaben erkennen

Was ist das? Die Lernenden verbinden.

     **9**

die **G**abel   der **F**isch   **n**eun   der **R**eis   die **D**isko

LEKTION 4

4 g und G schreiben

Die Lernenden schreiben.

 g G   g G

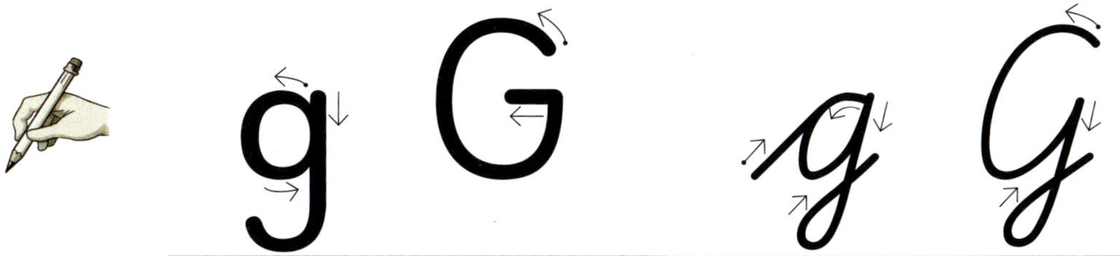

g

G

g

G

5 G: den Laut identifizieren

Wo hört man G: im Anlaut oder Inlaut? CD 1.43

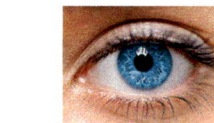     

| x | | | | | |

6 g und G erkennen

Die Lernenden markieren g und G.

 (g) (G) o G B p g r a G Q g G h q g

Gabel   Finger   Tag   Gurke   Fleisch   gehen   Geld

Ich gehe am Montag und am Mittwoch zum Deutschkurs.
Am Dienstag gehe ich ins Café. Ich trinke ein Glas Tee.
Am Sonntag grille ich im Garten.

7 Zählen lernen

a) Die Lernenden schreiben.

b) Die Lernenden ergänzen die Zahlenreihe.

10

1   3   5   7   9

| U | V | W | X | Y | Z | Ä | Ö | Ü | Ei | | Au | Eu | Äu | Ch | Sch | St | Sp | | |
| u | v | w | x | y | z | ä | ö | ü | ei | ie | au | eu | äu | ch | sch | st | sp | ck | ß |

8 Wörter lernen

a) Die Lernenden sammeln Wörter zum Bild.

b) Sprechen Sie vor, die Lernenden sprechen nach.

c) Was sagen die Personen auf dem Bild? Die Lernenden spielen einen Dialog.

die Kellnerin

der Gast

das Geld

die Tasse

die Flasche

9 Wörter schreiben

Die Lernenden schreiben.

____t _____ _____ T_____

aGs Gled lasG essa

10 Sprechen und verstehen

a) Wann macht Amal was? Die Lernenden erzählen.

b) Was sagt Amal? Stimmt der Kalender? CD 1.44

c) Die Lernenden tragen Aktivitäten in einen eigenen Kalender ein und fragen sich gegenseitig.

Montag	Dienstag	Mittwoch	Donnerstag	Freitag	Samstag	Sonntag

A	B	C	D	E	**F**	**G**	H	**I**	J	K	L	M	N	O	P	Qu	R	S	T
a	b	c	d	e	**f**	**g**	h	**i**	j	k	l	m	n	o	p	qu	r	s	t

Buchstaben – Laute – Silben

1 Hören und verstehen

a) Welches Foto passt? Die Lernenden notieren die Reihenfolge der Dialoge. CD 1.45

b) Die Lernenden variieren die Dialoge.

▶ Tipp siehe S. 222

■ Was trinkst du?　　　■ Möchten Sie bestellen?　　■ Wir möchten zahlen.

● Ich nehme eine Tasse Tee.　　● Ich nehme eine Pizza und einen Salat.　　● Das macht 9 Euro.

2 Zählen lernen

a) Die Lernenden schreiben Zahlen von 10 bis 1.

b) Diktieren Sie Zahlen, die Lernenden schreiben.

_10_ _____ _1_

3 I, F, G: die Laute identifizieren

Wo hört man I, F und G? Die Lernenden kreuzen an.

| X | | | | | |

60　LEKTION 4

U	V	W	X	Y	Z	Ä	Ö	Ü	Ei		Au	Eu	Äu	Ch	Sch	St	Sp		
u	v	w	x	y	z	ä	ö	ü	ei	ie	au	eu	äu	ch	sch	st	sp	ck	ß

4 Buchstaben erkennen

Wo sind die Buchstaben versteckt? Die Lernenden markieren.

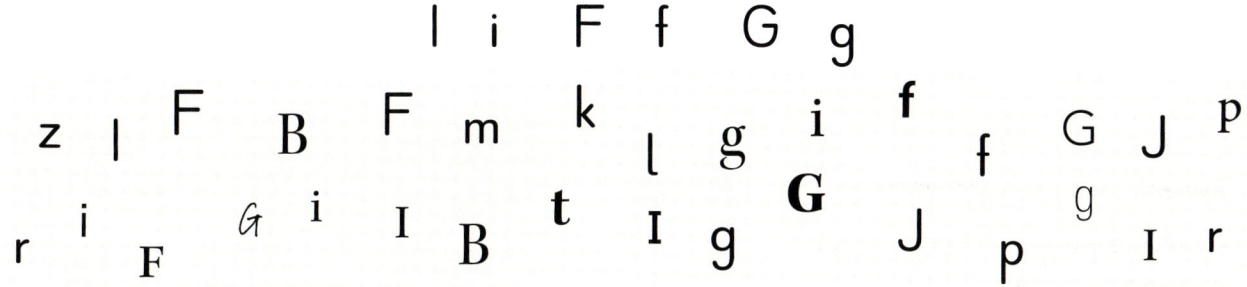

5 Silben hören und lesen

a) Sprechen Sie vor, die Lernenden sprechen nach.

fa — Familie   ga — Garten   fi — Firma   gi — Gisela   fe — Fest   ge — gefallen

b) Wie viele Silben haben die Wörter? Die Lernenden notieren die Silbenbögen.

6 Wörter lesen

Die Lernenden lesen.

sagen   fragen   essen   fallen   fegen
Film   Magen   Feder   Regen   Igel

7 Silben und Wörter schreiben

Die Lernenden schreiben. CD 1.46

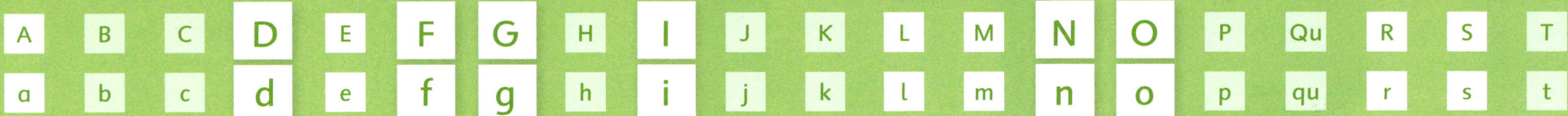

Station 2

1 Sprechen und verstehen

Die Lernenden spielen Dialoge im Restaurant.

Getränke		Kleine Gerichte	
Wasser	3 €	Tomatensuppe	4 €
Saft	2 €	Salat mit Paprika und Tomaten	5 €
Tee	2 €	Pizza mit Tomaten	6 €
Kaffee	3 €	Pizza mit Salami	8 €

2 Silben lesen

a) Die Lernenden lesen die Silben.

b) Welche Wörter beginnen mit den Silben?

na ne ni no   da de di do

fa fe fi fo   ga ge gi go

3 Wörter lesen und schreiben

a) Die Lernenden lesen.

Igel   Esel   Adler   Gans   Affe

Gorilla   Giraffe   Dromedar

b) Die Lernenden schreiben.

4 Zählen lernen

a) Die Lernenden lesen die Zahlen.

b) Welche Zahl von 1 bis 10 fehlt?

▶ Tipp siehe S. 222

5 So funktioniert es

a) Die Lernenden variieren die Dialoge.

- Ist das ein Löffel?
- Nein, das ist kein Löffel. Das ist eine Gabel.

- Brauchst du einen Löffel?
- Nein, ich brauche keinen Löffel. Ich brauche ein Messer.

	der	das	die
Das ist	ein/kein Löffel.	ein/kein Messer.	eine/keine Gabel.
Ich habe	einen/keinen Löffel.	ein/kein Messer.	eine/keine Gabel.

b) Die Lernenden variieren die Dialoge.

▶ Tipp siehe S. 222

- Was ist das?
- Das ist …

- Hast du ein …?
- Nein, ich habe …

Wo wohnen Sie?

1 Sprechen und verstehen

a) Wo wohnen Ali und Nina? CD 1.47

b) Die Lernenden variieren die Dialoge.

▶ Tipp siehe S. 222

- Wo wohnt Nina?
- Sie wohnt in Frankfurt.
- Hast du ihre Adresse?
- Ja. Berliner Straße 8.

- Wo wohnt Ali?
- Er wohnt in Frankfurt.
- Hast du seine Adresse?
- Nein, leider nicht.

 mein

 dein

 Ihr

 sein

 ihr

2 U: den Laut hören und sprechen

a) Sprechen Sie vor, die Lernenden sprechen nach.

b) Welche Wörter fangen mit U an?

die eine

64 LEKTION 5

3 u und U schreiben

Die Lernenden schreiben.

65 LEKTION 5

4 U: den Laut identifizieren

Wo hört man U: im Anlaut, Inlaut oder Auslaut? Die Lernenden kreuzen an. CD 1.48

| X | | | | | | |

5 u und U erkennen

Die Lernenden markieren u und U.

Uhr   Mund   Salat   Gurke   Fuß   und   Unterricht
Buch   gut   du   Nudeln   üben   Fisch   Uhu   Mutter

Nina kauft im Laden ein Buch,
zwei Hefte und fünf Stifte.
Dann fährt sie mit dem Bus zur Schule.

6 Rechnen lernen

Die Lernenden rechnen.

  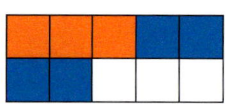  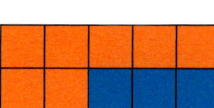

2 + 3 = 5   3 + 4 = ___   2 + 6 = ___   7 + 3 = ___

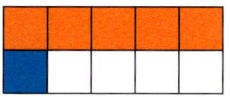 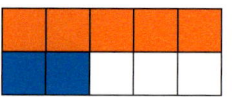

5 + 1 = ___   3 + 3 = ___   5 + 2 = ___   8 + 1 = ___

U	V	W	X	Y	Z	Ä	Ö	Ü	Ei		Au	Eu	Äu	Ch	Sch	St	Sp		
u	v	w	x	y	z	ä	ö	ü	ei	ie	au	eu	äu	ch	sch	st	sp	ck	ß

7 Wörter lernen

a) Sprechen Sie vor, die Lernenden sprechen nach.

das Haus   die Nummer   die Straße   der Platz   die Stadt

b) Die Lernenden ergänzen die Zahlen. CD 1.49

Nasieh Malani
Georgstr. __ __
__ __ __ __ __ Nördlingen

Anna Roden
Mannstr. __
__ __ __ __ __ Dresden

c) Fragen Sie die Lernenden:
Wie heißt die Person, die Stadt, die Straße?
Wie ist die Nummer, die PLZ?

8 Wörter lesen

Die Lernenden lesen.

Nummer   Adresse   Land   Fluss   Sonne
Formular   gefallen   sollen   Mond   Mund   Uhu

9 Wörter schreiben

Die Lernenden schreiben.

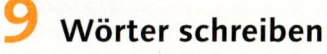

__pp__   __tt__   W__ __t   __ __k
uSe    reBu   sru   Geru

10 Adresse schreiben

Die Lernenden schreiben ihre Adresse und machen eine Adressliste für den Kurs.

| Funk, Nina | Berliner Str. 8 | 60311 Frankfurt |
| Garve, Frank | Situli Str. 2 | 60594 Frankfurt |

1 Sprechen und verstehen

a) Welche Telefonnummer hört man? Die Lernenden markieren. CD 1.50

b) Die Lernenden variieren die Dialoge.

c) Die Lernenden diktieren und schreiben Telefonnummern in Partnerarbeit.

Baballa, Arnim — 0179 386 85 73
Baballus, Ahlam — 0173 493 91 19
Babaluna, Ingrid — 56 37 58 52
Baban, Asso — 25 67 20 8
Babaoglu, Irfan — 0177 439 10 39
Babara, Mandy — 40 08 96 33

Anna Rigler

Dorfstr. 9
13597 Berlin
0351/427 393 86

GEORG
45 77 99

• Wie ist Ihre Telefonnummer?

■ Meine Telefonnummer ist …

• Ich verstehe nicht. Noch einmal, bitte.

■ …

• Vielen Dank.

2 B: den Laut hören und sprechen

a) Sprechen Sie vor, die Lernenden sprechen nach.

b) Welche Wörter fangen mit B an?

die eine

68 LEKTION 5

3 b und B schreiben

Die Lernenden schreiben.

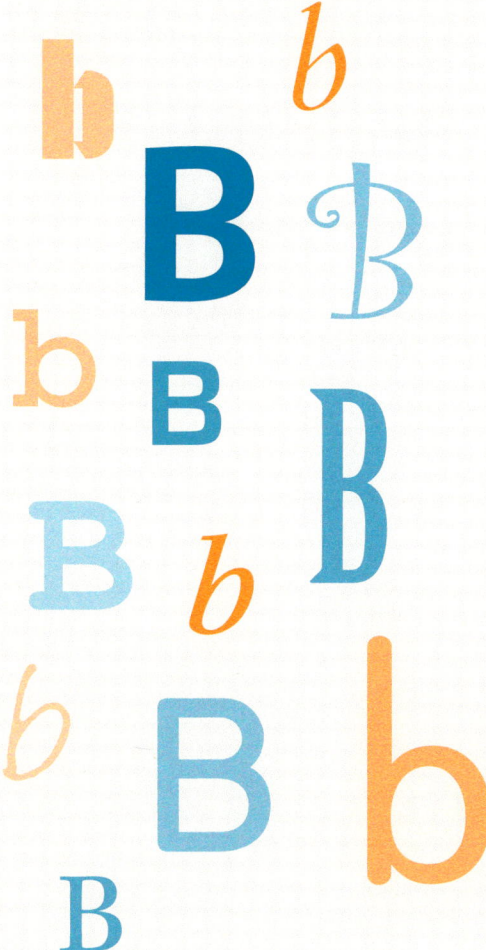

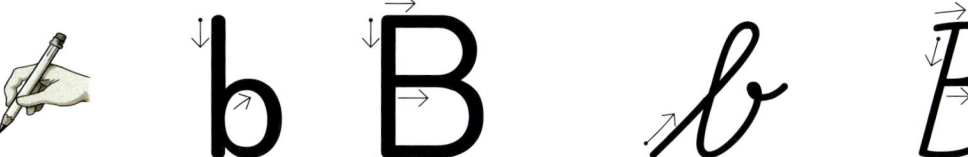

b

B

b

B

4 B: den Laut identifizieren

Wo hört man B: im Anlaut oder Inlaut? Die Lernenden kreuzen an. CD 1.51

     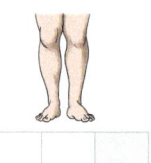 

| x | | | | | |

5 b und B erkennen

Die Lernenden markieren b und B.

 Buch   Mund   Gabel   Brot   sieben   Abend   Bad   Farbe

Schreibst du einen Brief an deinen Bruder in Ankara?
Bringst du den Brief zur Post?

6 Rechnen lernen

Die Lernenden malen die entsprechende Anzahl der Kästchen aus und rechnen.

5 + 2 = 7   4 + 4 = ___   7 + 2 = ___   2 + 6 = ___

6 + 3 = ___   3 + 5 = ___   1 + 8 = ___   6 + 1 = ___

LEKTION 5

7 Wörter lernen

a) Sprechen Sie vor, die Lernenden sprechen nach.

b) Fragen Sie die Lernenden: Was ist blau, rot …?

▶ Tipp siehe S. 222

schwarz   weiß   rot   gelb   grün   blau   braun

8 Wörter lesen

a) Die Lernenden lesen.

b) Welche Wörter bezeichnen Städte?

bin   Berlin   Rom   oben   Bursa   baden   gelb
Lissabon   geben   aber   London   Bamberg

9 Wörter schreiben

Die Lernenden schreiben die Wörter.

▶ Tipp siehe S. 222

_____   ___t___   _____   _____

uBs    Bor    naBnae    ruBder

10 Lesen und verstehen

a) Die Lernenden lesen.

b) Fragen Sie die Lernenden: Wie ist sein Name? Wie ist seine Adresse? Wie ist seine Telefonnummer?

Bodo Abel
Maler

Lange Gasse 7
17894 Berlin
Tel. 76 89 54

A	B	C	D	E	F	G	H	I	J	K	L	M	N	O	P	Qu	R	S	**T**
a	b	c	d	e	f	g	h	i	j	k	l	m	n	o	p	qu	r	s	**t**

1 Sprechen und verstehen

a) Wie ist die Telefonnummer?
Die Lernenden kreuzen an. CD 1.52

b) Die Lernenden variieren den Dialog.

• Gehen wir ins Kino?
▪ Ich weiß nicht. Hast du ein Handy?
• Ja, die Nummer ist …
▪ Danke. Ich rufe an.

☐ 0175 / 40 87 69
☐ 0168 / 46 90 33
☐ 0165 / 21 43 65

2 T: den Laut hören und sprechen

a) Sprechen Sie vor, die Lernenden sprechen nach.

b) Welche Wörter fangen mit T an?

die eine **Tomate**

LEKTION 5

3 t und T schreiben

Die Lernenden schreiben.

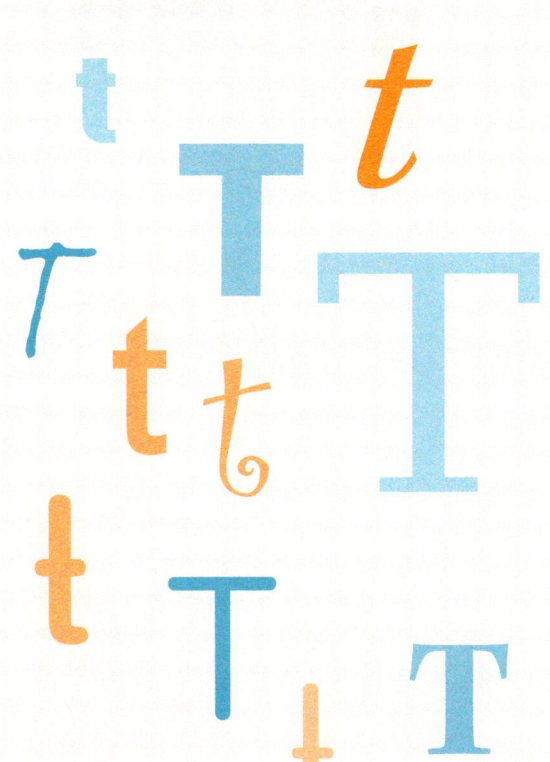

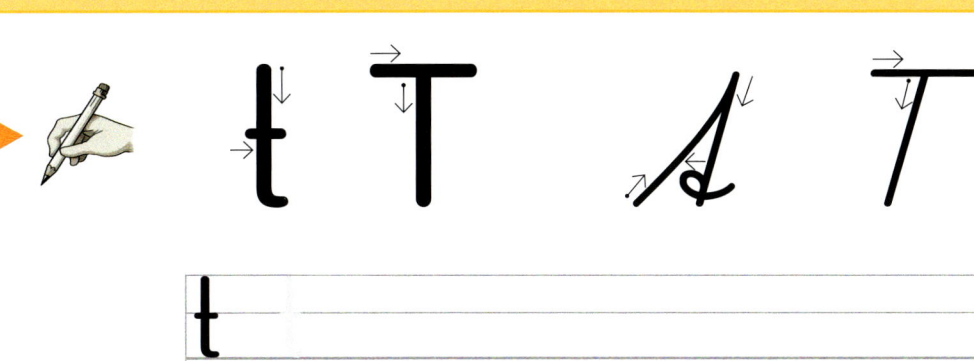

t

T

Tag Salat

A

T

73 LEKTION 5

4 T: den Laut identifizieren

Wo hört man T: im Anlaut, Inlaut oder Auslaut? Die Lernenden kreuzen an. CD 1.53

| x | | | | | | | | | | | |

5 t und T erkennen

Die Lernenden markieren t und T.

Tomate   Igel   Samstag   rot   Rezept   Salat   Restaurant

Sie lernt Deutsch. Sie kauft ein Wörterbuch und ein Heft.

Sie lernen im Unterricht neue Wörter.

Frau Weber schreibt die Wörter an die Tafel.

6 Rechnen lernen

Wie viel ist das? Die Lernenden rechnen.

▶ Tipp siehe S. 222

____ €   ____ €   ____ €   ____ €   ____ €

74 LEKTION 5

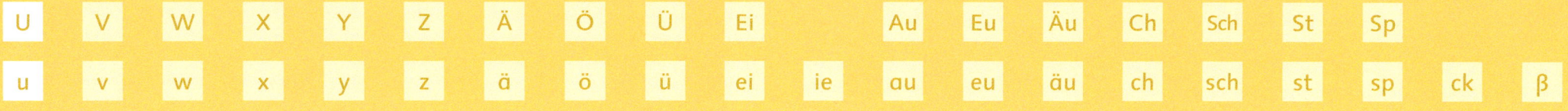

U	V	W	X	Y	Z	Ä	Ö	Ü	Ei		Au	Eu	Äu	Ch	Sch	St	Sp		
u	v	w	x	y	z	ä	ö	ü	ei	ie	au	eu	äu	ch	sch	st	sp	ck	ß

7 Wörter lernen

a) Sprechen Sie vor, die Lernenden sprechen nach.

b) Die Lernenden fragen und antworten.

• Wie geht es Ihnen? • Wie geht es dir?

   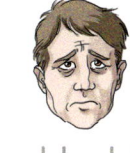 

sehr gut   gut   es geht   schlecht   sehr schlecht

8 Wörter lesen

Die Lernenden lesen.

Internet   besser   Telefon   gut   toll   Mantel
Ort   fit   Nummer   Adresse   Tomate   sagt

9 Wörter schreiben

a) Die Lernenden schreiben Grüße.

b) Welche weiteren Grüße kennen die Lernenden?

10 Hören und verstehen

a) Was machen die Frauen am Samstag? Die Lernenden kreuzen an. CD 1.54

b) Die Lernenden variieren den Dialog.

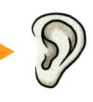

75 LEKTION 5

A	**B**	C	D	E	F	G	H	I	J	K	L	M	N	O	P	Qu	R	S	**T**
a	**b**	c	d	e	f	g	h	i	j	k	l	m	n	o	p	qu	r	s	**t**

Buchstaben – Laute – Silben

1 Hören und verstehen

a) Die Lernenden schreiben die Telefonnummern. CD 1.55

b) Die Lernenden diktieren die eigenen Telefonnummern und machen eine Telefonliste für den Kurs.

Boris Balun
Berger Str. 10
53117 Bonn

Uta Tobias
Badener Str. 2
89073 Ulm

2 Anlaut identifizieren

Was hört man im Anlaut?
Die Lernenden schreiben. CD 1.56

3 Buchstaben erkennen

Wo sind die Buchstaben versteckt?
Die Lernenden markieren.

U u   B b   T t

U b l i **B** T s l U b u
f G o f D u B B T t u t
         T t **G** U T

76 LEKTION 5

U	V	W	X	Y	Z	Ä	Ö	Ü	Ei		Au	Eu	Äu	Ch	Sch	St	Sp		
u	v	w	x	y	z	ä	ö	ü	ei	ie	au	eu	äu	ch	sch	st	sp	ck	ß

4 Silben hören und lesen

a) Sprechen Sie vor, die Lernenden sprechen nach.

b) Wie viele Silben haben die Wörter? Die Lernenden notieren Silbenbögen.

▶ Tipp siehe S. 223

ba — Banane bu — Bus ta — Tafel te — Telefon to — Tomate

5 Wörter lesen

a) Die Lernenden lesen.

b) Welche Länder gibt es hier?

Tabu   Bulgarien   Libanon   baden   Italien
Afghanistan   anrufen   Berg   Iran   Sudan

6 Wörter schreiben

Die Lernenden schreiben. CD 1.57

7 Zählen und rechnen lernen

a) Wie viel ist das? Die Lernenden schreiben.

b) Die Lernenden würfeln. Sie notieren die Zahl und rechnen.

1 + __ = __   3 + __ = __   2 + __ = __   4 + __ = __

Wann haben Sie Zeit?

1 Sprechen und verstehen

a) Die Lernenden sprechen nach. CD 2.02

am Morgen   am Vormittag   am Mittag
am Nachmittag   am Abend   in der Nacht

• Wann telefonieren wir?
■ Am Nachmittag.

b) Die Lernenden variieren den Dialog.

▶ Tipp siehe S. 223

2 Ei: den Laut hören und sprechen

a) Sprechen Sie vor, die Lernenden sprechen nach.

b) Welche Wörter fangen mit Ei an?

das
ein   **Eis**

78   LEKTION 6

3 ei und Ei schreiben

Die Lernenden schreiben.

 ei Ei *ei* *Ei*

| ei |
| Ei |
| |
| *ei* |
| *Ei* |
| |

LEKTION 6

4 Ei: den Laut identifizieren

Wo hört man Ei: im Anlaut, Inlaut oder Auslaut? Die Lernenden kreuzen an. CD 2.03

5 ei und Ei erkennen

Die Lernenden markieren ei und Ei.

 eins fünf zwei sieben neun drei Eier Liebe mein Türkei

Heute arbeitet Sergej nur eine Stunde, weil er seinen Sohn besucht. Sie machen einen Spaziergang und essen ein Eis.

6 Zählen und rechnen lernen

a) Sprechen Sie vor, die Lernenden sprechen nach.

 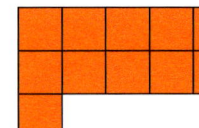 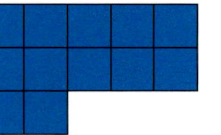 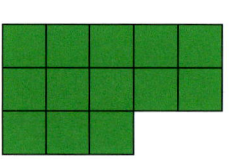 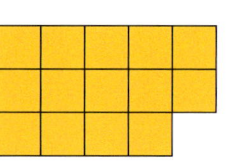 

11 12 13 14 15

b) Die Lernenden rechnen.

6 + 5 = _11_   8 + 7 = ___   9 + 6 = ___   7 + 5 = ___

7 Wörter lernen

a) Sprechen Sie vor, die Lernenden sprechen nach.

b) Die Lernenden fragen und antworten: Wo ist …? – Er/Es/Sie ist hier.

die Tafel   die Kreide   der Kuli   der Radiergummi   der Bleistift

8 Wörter lesen

a) Die Lernenden lesen.

b) Die Lernenden üben die Wortpaare zu zweit.

eins und drei   Messer und Gabel
Apfel und Banane   Bein und Arm
Tomate und Salat   Adresse und Telefonnummer

9 Wörter schreiben

a) Die Lernenden schreiben.

b) Die Lernenden markieren Silben.

K_____   K_____

liu   eider   Tflae

10 Sprechen und verstehen

Was machen die Personen wann? Die Lernenden erzählen.

81   LEKTION 6

1 Sprechen und verstehen

a) Die Lernenden sprechen nach. CD 2.04

b) Die Lernenden variieren den Dialog.

c) Wie spät ist es? Die Lernenden zeigen auf die richtige Uhr. CD 2.05

d) Die Lernenden lesen die Uhrzeiten.

- Wie spät ist es?
- Es ist acht Uhr.

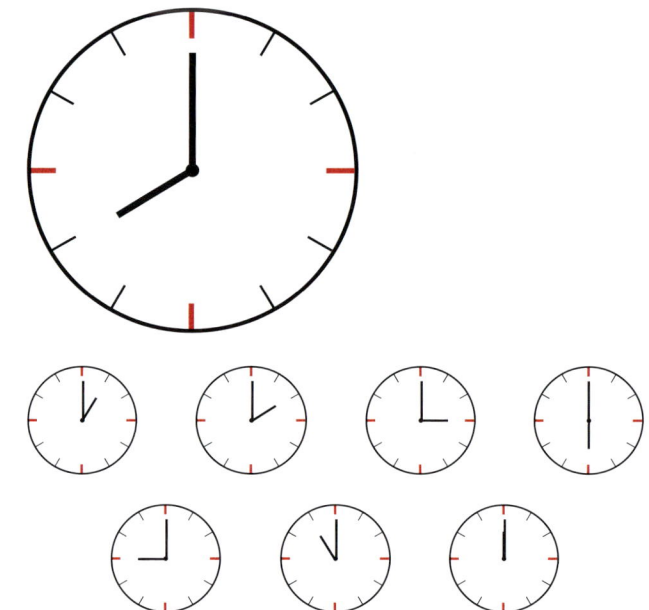

2 K: den Laut hören und sprechen

a) Sprechen Sie vor, die Lernenden sprechen nach.

b) Welche Wörter fangen mit K an?

der ein **Kopf**

3 k und K schreiben

Die Lernenden schreiben.

k K 𝓀 𝒦

k

K

Kind kein

𝓀

𝒦

Kind kein

4 K: den Laut identifizieren

Wo hört man K: im Anlaut, Inlaut oder Auslaut? Die Lernenden kreuzen an. CD 2.06

5 k und K erkennen

Die Lernenden markieren k und K.

Kopf   Fisch   kein   Ampel   Kaffee   trinken   weiß   Onkel

Amal kommt aus Marokko. Sie besucht einen Deutschkurs. Heute kommt sie nicht in den Kurs. Sie ist krank.

6 Zählen und rechnen lernen

a) Sprechen Sie vor, die Lernenden sprechen nach.

b) Die Lernenden rechnen.

▶ Tipp siehe S. 223

10 + 7 = 17   12 + 6 = ___   11 + 8 = ___

8 − 3 = ___   6 − 4 = ___   10 − 5 = ___

84   LEKTION 6

U	V	W	X	Y	Z	Ä	Ö	Ü	Ei		Au	Eu	Äu	Ch	Sch	St	Sp		
u	v	w	x	y	z	ä	ö	ü	ei	ie	au	eu	äu	ch	sch	st	sp	ck	ß

7 Wörter lernen

a) Sprechen Sie vor, die Lernenden sprechen nach.

b) Die Lernenden fragen und antworten: Wann beginnt …? – Um … Uhr.

 der Deutschkurs  die Pause  der Unterricht  die Schule  die Arbeit

8 Wörter lesen

a) Die Lernenden lesen.

b) Was kann man essen? Die Lernenden unterstreichen.

Ananas   Kaffee   Kind   Ei   kommen   Birne
Eimer   Saft   krank Gurke Marmelade Musik

9 Wörter schreiben

a) Die Lernenden schreiben.

b) Welche anderen Lebensmittel kennen die Lernenden?

_____   __ä___   P__p_____   _____

keGur    Kse    riaka    isE

10 Sprechen und verstehen

Die Lernenden fragen und antworten.

- ● Haben Sie einen Bleistift?
- ■ Nein, ich habe keinen Bleistift. Aber ich habe einen Kuli.

1 Sprechen und verstehen

a) Wie spät ist es? Die Lernenden zeigen auf die passende Uhr. CD 2.07

b) Die Lernenden variieren den Dialog.

c) Die Lernenden zeigen auf die richtige Uhr. CD 2.08

- Wie spät ist es?
- Es ist halb vier.
- Wann kommt Frank?
- Um vier.

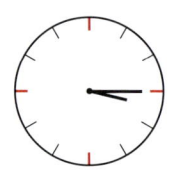   

Viertel nach 3 halb 4 Viertel vor 4 4 Uhr

2 W: den Laut hören und sprechen

a) Sprechen Sie vor, die Lernenden sprechen nach.

b) Welche Wörter fangen mit W an?

die eine **Wurst**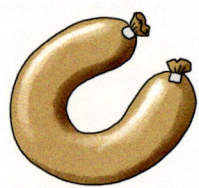

86 LEKTION 6

3 w und W schreiben

Die Lernenden schreiben.

w　W　*w*　*W*

w

W

w

W

LEKTION 6

4 W: den Laut identifizieren

Wo hört man W: im Anlaut oder Inlaut? Die Lernenden kreuzen an. CD 2.09

5 w und W erkennen

Die Lernenden markieren w und W.

 Wein schwarz Fisch weiß Wetter wohnen Mittwoch zwei

Ali und Elena kaufen zwei Flaschen Wasser, eine Flasche Wein, ein Brot und etwas Wurst.

6 Zählen lernen

a) Sprechen Sie vor, die Lernenden sprechen nach.

b) Die Lernenden lesen die Zahlen.

▶ Tipp siehe S. 223

 10 20 30 40 50 60 70 80 90 100

7 Wörter lernen

a) Sprechen Sie vor, die Lernenden sprechen nach.

b) Die Lernenden fragen und antworten: Wann kommt …? – Um …

der Bus   der Zug   das Auto   die U-Bahn   die S-Bahn   die Straßenbahn

8 Wörter lesen und schreiben

a) Die Lernenden lesen.

b) Die Lernenden schreiben Wörter zu den Bildern.

▶ Tipp siehe S. 223

Wasser   Bus   Eis   Birne   Wurst

9 Sprechen und verstehen

Die Lernenden fragen und antworten.

• Was brauchst du?
■ Ich brauche ein Heft.
• Gut, dann kaufen wir ein Heft.

89 LEKTION 6

A	B	C	D	E	F	G	H	I	J	**K**	L	M	N	O	P	Qu	R	S	T
a	b	c	d	e	f	g	h	i	j	**k**	l	m	n	o	p	qu	r	s	t

Buchstaben – Laute – Silben

1 Sprechen und verstehen

Was macht Frau Birgün wann?
Die Lernenden fragen und antworten.

Montag	Dienstag	Mittwoch	Donnerstag	Freitag	Samstag	Sonntag
8.15 Uhr		8.15 Uhr	10 Uhr	8.15 Uhr		
17.30 Uhr	15 Uhr		16.30 Uhr	20 Uhr	18 Uhr	14 Uhr

2 Ei, K, W: die Laute hören

Was hört man im Anlaut?
Die Lernenden schreiben. CD 2.10

3 Buchstaben erkennen

Wo sind die Buchstaben versteckt?
Die Lernenden markieren.

Ei ei K k W w

E Ei ei K D w Ei h k w
 i F M ie   k   f   i
    w   S   W c W ei   K ei
                                 i

90 LEKTION 6

4 Silben hören und lesen

a) Sprechen Sie vor, die Lernenden sprechen nach.

b) Die Lernenden lesen die Silben und Wörter.

ku wa ki rei ei wol
Kuli Wagen Kino Reise Eimer wollen

5 Wörter lesen

a) Die Lernenden lesen.

| Kuli | rot | Kind | Wein | eins | Gabel |
| Abend | Eis | elf | etwas | Wurst | Marokko |

b) Welche Wörter passen zu den Bildern? Die Lernenden verbinden.

6 Silben und Wörter schreiben

a) Diktieren Sie den Lernenden Silben aus Aufgabe 4.

b) Die Lernenden schreiben Wörter. CD 2.11

__ n ___ g __ r ____ g ___ e__ ___ r__

7 Hören und verstehen

Welche Uhrzeit ist richtig? Die Lernenden kreuzen an. CD 2.12

  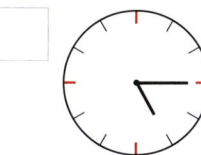  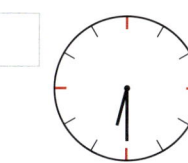

Station 3

1 Lesen und verstehen

a) Die Lernenden lesen das Formular.

b) Die Lernenden füllen das Formular aus.

Name	Bulut	Vorname	Ali
Straße	Weinstr.	Hausnummer	5
PLZ	60984	Ort	Frankfurt

Name		Vorname	
Straße		Hausnummer	
PLZ		Ort	

2 Silben lesen

Die Lernenden lesen die Silben und sammeln Wörter zu den Silben.

ba	bi	bu	bei	ka	ke	ko	kei
ta	ti	tu	tei	blu	kle	tol	blei

3 Wörter lesen

a) Die Lernenden lesen.

b) Welche Tage fehlen?

Montag   Freitag   Sonntag   Donnerstag   Samstag

4 Wörter schreiben

Die Lernenden schreiben. CD 2.13

5 Zählen und rechnen lernen

a) Die Lernenden ergänzen die Zahlen.

b) Die Lernenden rechnen.

6 7 8 ☐ ☐ 12 ☐ ☐ 9 ☐ ☐ 17 ☐

4 + 7 = ___   20 − 9 = ___   6 + 6 = ___   11 − 2 = ___

6 So funktioniert es

a) Die Lernenden fragen und antworten.

b) Die Lernenden variieren mit du.

Frankfurt a. M. Ali   Essen   Anna

● Wo wohn**t** e**r**?   ● Was kauf**t** **sie**?

■ E**r** wohn**t** in …   ■ **Sie** kauf**t** einen …

ich komme	du kommst	er kommt	sie kommt	wir kommen	Sie kommen
ich heiße	du heißt	er heißt	sie heißt	wir heißen	Sie heißen

c) Würfelspiel: Die Lernenden üben mit anderen Verben.

ich   du   er   sie   wir   Sie

Haben Sie Zeit?

1 Sprechen und verstehen

a) Die Lernenden sprechen nach. CD 2.14

- Hast du morgen um vier Uhr Zeit?
- Ja. Gehen wir spazieren?
- Ja, dann bis morgen.

b) Die Lernenden variieren den Dialog.

2 Au: den Laut hören und sprechen

Sprechen Sie vor, die Lernenden sprechen nach.

das ein **Auge**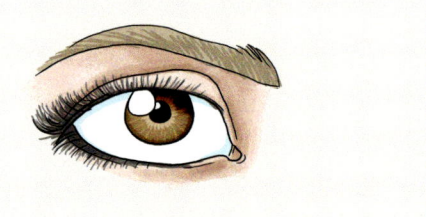

94 LEKTION 7

3 au und Au schreiben

Die Lernenden schreiben.

au Au *au* *Au*

au

Au

Auto blau

au

Au

Auto blau

95 LEKTION 7

4 Au: den Laut identifizieren

Wo hört man Au: im Anlaut, Inlaut oder Auslaut? Die Lernenden kreuzen an. CD 2.15

     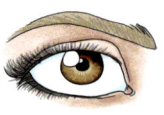 

5 au und Au erkennen

Die Lernenden markieren au und Au.

Aufgabe   Daumen   Baum   August   Hauptstadt   grün   grau

Ich will einen Rock im Kaufhaus kaufen.
Der Rock ist grau. Er kostet 40 Euro.

6 Zählen lernen

Die Lernenden diktieren sich gegenseitig Zahlen von 1 bis 19.

7 Sprechen und verstehen

a) Wie spät ist es? Die Lernenden kreuzen an. CD 2.16

b) Wann beginnt …? Wann endet …? Die Lernenden fragen und antworten.

5:00 ☐   8:15 ☐   11:25 ☐   12:05 ☐   14:18 ☐
18:12 ☐   20:00 ☐   21:00 ☐   22:00 ☐   23:00 ☐

die Pause   der Kurs   das Kino   der Film

8 Wörter lesen

a) Die Lernenden lesen.
b) Welche Wörter bezeichnen Körperteile?

 Auto Bein laufen Daumen Arm
Auge Nase morgen August Mund

9 Sätze lesen

Die Lernenden lesen.

 Sind deine Augen blau oder braun?

10 Wörter schreiben

Die Lernenden schreiben.

▶ Tipp siehe S. 223/224

11 Sprechen und verstehen

Wie kann man die Uhrzeiten lesen?
Die Lernenden fragen und antworten.

Wie spät ist es?

Es ist 13 Uhr.

Es ist ein Uhr.

97 LEKTION 7

1 Sprechen und verstehen

a) Welche Uhren passen? Die Lernenden kreuzen an. CD 2.17

b) Die Lernenden variieren den Dialog.

- Hast du heute um sieben Uhr Zeit?
- Nein. Um sieben habe ich keine Zeit. Geht es auch später?
- Um acht Uhr?
- Ja, das geht.

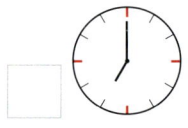 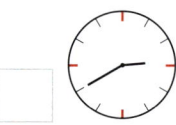 18:00   20:00

2 P: den Laut hören und sprechen

Sprechen Sie vor, die Lernenden sprechen nach.

die eine **Paprika**

3 p und P schreiben

Die Lernenden schreiben.

4 P: den Laut identifizieren

a) Wo hört man P: im Anlaut oder Inlaut? Die Lernenden kreuzen an. CD 2.18

b) Was hört man: B oder P? Die Lernenden ergänzen. CD 2.19

__ark   __utter   __rot   __reis   su__er   a__er

5 p und P erkennen

Die Lernenden markieren p und P.

 Papier   Bleistift   Park   Pass   Person   Pizza   super   Lippe

Peter und Paula brauchen Schreibpapier.
Sie gehen zum Supermarkt.

6 Zählen lernen

a) Sprechen Sie vor, die Lernenden sprechen nach.

b) Die Lernenden ergänzen und lesen die Zahlen.

▶ Tipp siehe S. 224

 21   22   **23**   24   25   26   **27**   28   **29**

9	10	*11*		48			66	
	32		51				73	
	89			97			24	

100   LEKTION 7

7 Hören und verstehen

a) Welches Foto passt? Die Lernenden ordnen die Fotos. CD 2.20

b) Die Lernenden lesen die Uhrzeiten.

8 Sätze lesen

Die Lernenden lesen.

● Wann kommt Petra?
■ Morgen um drei.

9 Wörter lesen

a) Die Lernenden lesen.

b) Welche Wörter haben drei Silben?

Pause   plus   Palme   Telefon   Ampel
Postkarte planen   Paulina   Paprika   Lampe

10 Wörter schreiben

Die Lernenden schreiben. CD 2.21

11 Hören und verstehen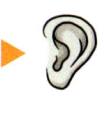

a) Wer hat Zeit? Die Lernenden kreuzen an. CD 2.22

b) Die Lernenden variieren die Dialoge.

1 Sprechen und verstehen

a) Wann beginnt der Krimi? Wann endet er? Die Lernenden kreuzen an. CD 2.23

b) Die Lernenden variieren den Dialog.

 **19.00** Tiger, Affe & Co.   **20.15** Tatort (Krimi)

 **19.45** aktuell    **21.45** Fußball Deutschland – Italien

- Wann beginnt der Krimi?
- Um 20.15 Uhr.
- Bis wann geht er?
- Bis 21.45 Uhr.
- Von Viertel nach 8 bis Viertel vor 10?
- Ja.

2 Z: den Laut hören und sprechen

Sprechen Sie vor, die Lernenden sprechen nach.

der ein **Zahn**

3 **z und Z schreiben**

Die Lernenden schreiben.

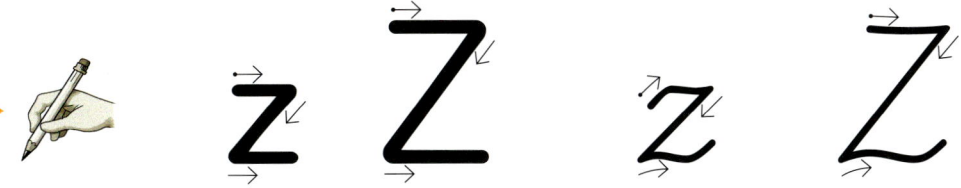

z

Z

z

Z

103 LEKTION 7

4 Z: den Laut identifizieren

Wo hört man Z: im Anlaut, Inlaut oder Auslaut? Die Lernenden kreuzen an. CD 2.24

5 z und Z erkennen

Die Lernenden markieren z und Z.

Zahn   Zeit   Zimmer   Zunge   zwei   Rezept   Arzt   bezahlen

Sergej geht spazieren. Er hat nicht viel Zeit.
Er möchte von zehn bis zwölf Uhr Deutsch lernen.

6 Zählen lernen

a) Die Lernenden lesen die Zahlen.

25   51   19   97   23
28   74   78   96   54   67
93   11   62

b) Die Lernenden diktieren sich gegenseitig Zahlen.

104 LEKTION 7

7 Wörter lernen

a) Sprechen Sie vor, die Lernenden sprechen nach.

b) Wie viele ... hat ein/e ...? Fragen Sie die Lernenden.

    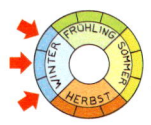 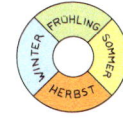

die Minute   die Stunde   der Tag   die Woche   der Monat   das Jahr

8 Wörter lesen

Die Lernenden lesen. Welche Wörter passen zum Thema Deutschkurs?

| Zeit | Kurs | zeigen | zwei | Test |
| Pause | lernen | Dezember | Polizei | tanzen |

9 Sprechen und verstehen

Die Lernenden variieren den Dialog.

● Wann ist der Kurs?

■ Am Montag von 9 bis 13 Uhr.

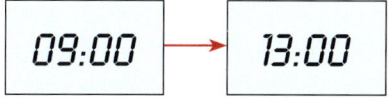

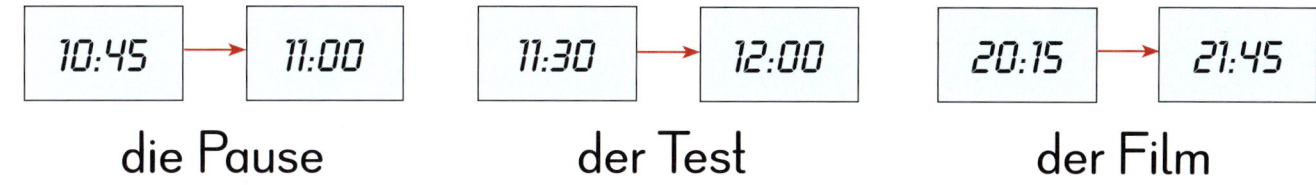

die Pause   der Test   der Film

10 Sätze lesen und schreiben

Die Lernenden ergänzen den Satz.

Mein Kurs ist am _____ von ____ bis ____ Uhr.

Buchstaben – Laute – Silben

1 Sprechen und verstehen

Die Lernenden fragen und antworten.

▶ Tipp siehe S. 224

13:55	EC 2376	Ulm 14:57 – **Augsburg** 16:39
14:06	ICE 1105	Jena 14:31 – Berlin Spandau 16:49 – **Berlin Hbf** 16:59
14:13	ICE 1090	Ulm 15:59 – Stuttgart 16:57 – Mannheim 17:39 – **Frankfurt Hbf** 18:18
14:46	IC 2213	Bremen 15:41 – Dortmund 17:33 – Essen 17:57 – **Bonn** 19:12
14:57	IC 2049	Halle 15:51 – **Leipzig** 16:20

● Wann fährt der Zug nach Berlin?

■ Um …

2 Buchstaben erkennen

Wo sind die Buchstaben versteckt?
Die Lernenden markieren.

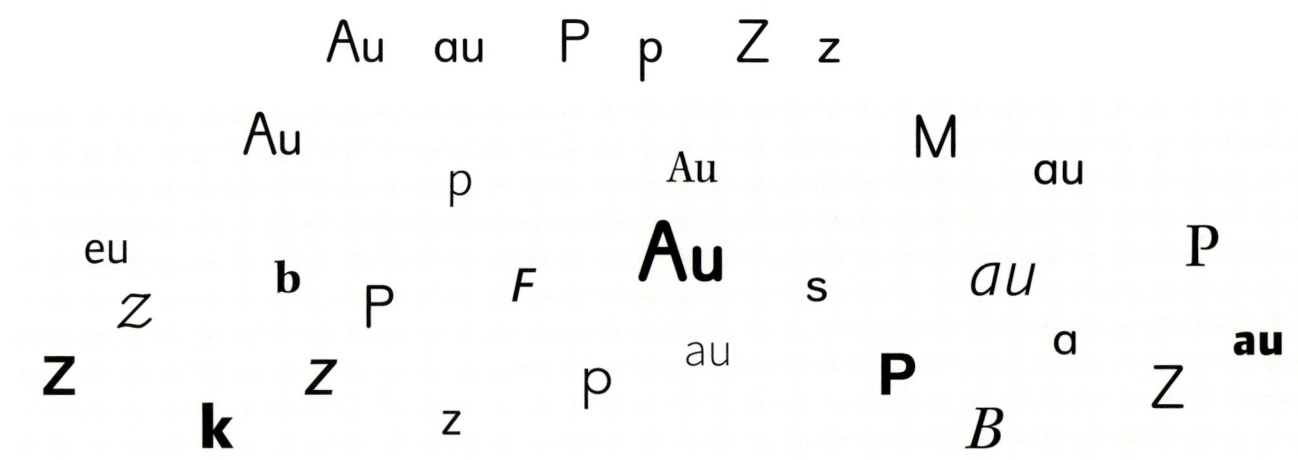

106 LEKTION 7

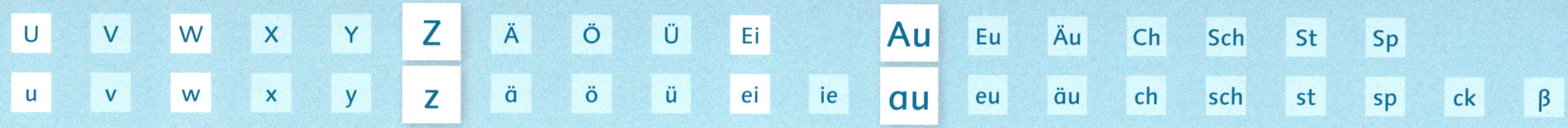

3 Silben hören und lesen

a) Sprechen Sie vor, die Lernenden sprechen nach.

b) Die Lernenden lesen die Silben und Wörter.

pu lau zei po au
Pulli laufen zeigen Polizei Automat

4 Wörter lesen

a) Die Lernenden lesen.

b) Welche Städte kennen die Lernenden? Die Lernenden suchen die Städte auf der Landkarte.

Ulm Bonn Berlin Dresden
Bremen Leipzig Koblenz Passau
Zittau Dortmund Frankfurt Augsburg

5 Sätze lesen und schreiben

Die Lernenden lesen und ergänzen die Sätze.

Meine Familie kommt aus _____.

Meine Familie lebt in _____.

6 Wörter schreiben

Die Lernenden schreiben. CD 2.25

107 LEKTION 7

Wann sind Sie geboren?

1 Sprechen und verstehen

a) Welches Foto passt? Die Lernenden kreuzen an. CD 2.26

b) Die Lernenden variieren den Dialog.

▶ Tipp siehe S. 224

- Sind das Ihre Kinder?
- Ja, das ist mein Sohn Tarik. Und das ist meine Tochter Alina.
- Wie alt sind sie?
- 8 und 5.

2 Ä: den Laut hören und sprechen

Sprechen Sie vor, die Lernenden sprechen nach.

zwei Äpfel

3 Ä: den Laut identifizieren

Wo hört man Ä: im Anlaut oder Inlaut? Die Lernenden kreuzen an. CD 2.27

 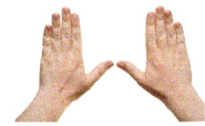    

108 LEKTION 8

4 ä und Ä schreiben

Die Lernenden schreiben.

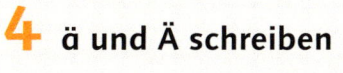

| ä |
| Ä |
| |
| ä |
| Ä |
| |

LEKTION 8

5 ä und Ä erkennen

Die Lernenden markieren ä und Ä.

 Lisa fährt mit dem Fahrrad zum Geschäft. Sie kauft ein Kilo Äpfel, 200 Gramm Käse und zwei Gläser Honig. Später kauft sie Getränke.

6 Zählen lernen

a) Sprechen Sie vor, die Lernenden sprechen nach.

100   300   400   600
  200   500
700   800   900
            1000

b) Die Lernenden ergänzen und lesen die Zahlen.

300 400 ☐   ☐ 900 ☐   ☐ 700 ☐
☐ 200 ☐   ☐ 600 ☐   ☐ 500 ☐

7 Wörter lesen

a) Die Lernenden lesen.
b) Die Lernenden üben Pluralformen von weiteren Nomen.

 ein Glas   zwei Gläser   ein Mantel   zwei Mäntel
ein Mann   drei Männer   ein Arzt   drei Ärzte

8 Sätze lesen und schreiben

a) Die Lernenden lesen.

 Das sind meine Kinder: Lena und Paul. Lena ist drei und Paul ist elf.

b) Die Lernenden schreiben über sich.

9 Wörter lernen

a) Sprechen Sie die Monatsnamen vor, die Lernenden sprechen nach.

Januar	Februar	März	April	Mai	Juni
Neujahrsfest	Karneval		Ostern		
Juli	August	September	Oktober	November	Dezember
	Ramadan	Ramadan		Opferfest	Weihnachten
		Jom Kippur			

• Wann ist Ostern? ■ Im April.

b) Die Lernenden fragen und antworten.

1 Sprechen und verstehen

a) Wann hat Karl Geburtstag?
Die Lernenden ergänzen den Namen im Kalender. CD 2.28

b) Die Lernenden variieren den Dialog.

c) Wann haben Sie Geburtstag?
Die Lernenden antworten.

Januar	Februar	März	April	Mai	Juni
	Hanna	Martin	Sueda		
Juli	August	September	Oktober	November	Dezember
	Lena				

● Wann hat Karl Geburtstag?

■ Im Oktober.

2 H: den Laut hören und sprechen

Sprechen Sie vor, die Lernenden sprechen nach.

die
eine **Hose**

3 H: den Laut identifizieren

Wo hört man H: im Anlaut oder Inlaut? Die Lernenden kreuzen an. CD 2.29

4 h und H schreiben

Die Lernenden schreiben.

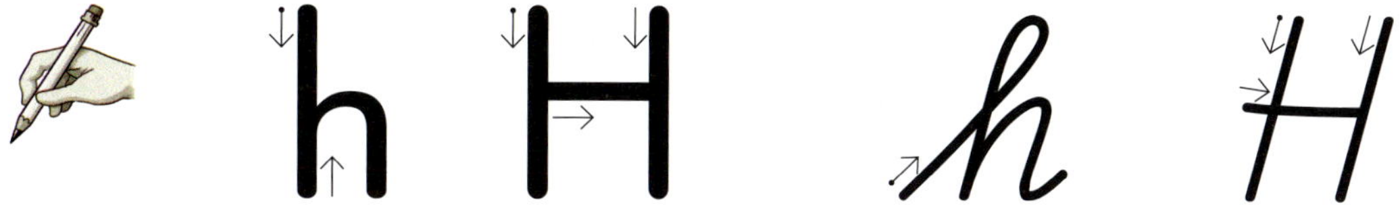

113 LEKTION 8

5 h und H erkennen

Die Lernenden markieren h und H.

 Heute geht Halime zu ihrem Freund.
Sie machen Hausaufgaben zu Hause.
Hier lernen sie in Ruhe Deutsch.

6 Wörter lesen

a) Die Lernenden lesen.
b) Welche Monate fehlen?
c) Wie viele Tage haben die Monate?
d) Wo spricht man das H aus, wo nicht?
Die Lernenden lesen.

| Februar | März | April | Mai |
| August | September | Oktober | Dezember |

| Haus | Hemd | Hand | Hilfe | Hausaufgabe |
| sehen | gehen | Ohr | Zahn | Sohn |

7 Datum verstehen

a) Am … Sprechen Sie vor, die Lernenden sprechen nach.

b) Wer hat wann Geburtstag?
Die Lernenden lesen die Daten.

April									
1	2	3	4	5	6	7	8	9	10

April **März** **Oktober** **August** **September**
4 **10** **1** **3** **7**
Elena Tina Lin Mehmet Helmut

114 LEKTION 8

c) Welche Geburtsdaten hört man?
Die Lernenden kreuzen an. CD 2.30

☐ 16. Mai   ☐ 19. August   ☐ 25. September
☐ 6. April   ☐ 11. Februar   ☐ 27. Dezember

8 Lesen und verstehen

a) Die Lernenden lesen und beantworten die Fragen.

b) Wann hat … Geburtstag?
Die Lernenden fragen und antworten.

c) Die Lernenden machen eine Geburtstagsliste im Kurs.

 Wann haben Sie Geburtstag? _____
Und Ihre Kinder? _____

Ihre Frau   Ihr Mann
         Ihr Kind
Ihr Bruder   Ihre Mutter

9 Wörter lernen

a) Sprechen Sie vor, die Lernenden sprechen nach.

b) Was schenken Sie zum Geburtstag?
Wie feiern Sie Ihren Geburtstag?
Fragen Sie die Lernenden.

▶ Tipp siehe S. 224

das Geschenk schenken

die Einladung
einladen

die Feier feiern

1 Sprechen und verstehen

a) Die Lernenden ergänzen das Formular. CD 2.31

b) Wann und wo sind Sie geboren? Die Lernenden antworten.

Name:	Heine	Vorname:	Hans
Geburtsort:		Geburtsdatum:	1960

● Herr Heine, wo sind Sie geboren?

■ In Hamburg.

● Und wann sind Sie geboren?

■ Am 5. März 1960.

2 V: den Laut hören und sprechen

Sprechen Sie vor, die Lernenden sprechen nach.

der ein **Vogel**

3 v und V erkennen

Die Lernenden markieren v und V.

Eva geht in die Volkshochschule.
Sie lernt von 9 bis 12 Uhr Deutsch.
Schon nach vier Monaten versteht sie viel.

4 v und V schreiben

Die Lernenden schreiben.

v V 𝑣 𝒱

5 Wörter lesen

Die Lernenden lesen.

| Vater | verkaufen | Vertrag | vorlesen |
| davor | verbinden | Vormittag | Verein |

6 Zählen lernen

a) Die Lernenden lesen die Zahlen.

1480 1676 1950 2010 2000
2005 1980 1895 1968 1704

b) Wann sind die Personen geboren?
   Die Lernenden hören und ergänzen. CD 2.32

_6.4._ 1983   _____ 2004   _____ 1956
_____ 1992   _____ 2001

c) Die Lernenden lesen die Daten.

d) Die Lernenden füllen das Formular aus und lesen vor.

Wann sind Sie geboren?
Wo sind Sie geboren?

| Name: | | Vorname: | |
| Geburtsort: | | Geburtsdatum: | |

118 LEKTION 8

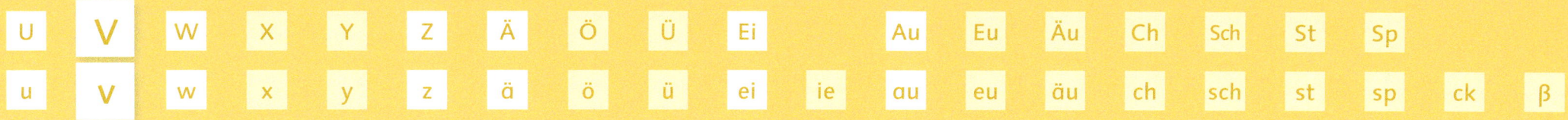

7 Sätze lesen

Die Lernenden lesen.

▶ Tipp siehe S. 224

- Wann bist du geboren?
- Am 3. November 1990.
- Wo bist du geboren?
- In Ankara.
- Bist du verheiratet?
- Nein, ich bin ledig.

8 Wörter lernen

a) Sprechen Sie vor, die Lernenden sprechen nach.

b) Welche Monate hat der …?

c) Die Lernenden sammeln in Gruppen Wörter zu den Jahreszeiten.

der Frühling   der Sommer   der Herbst   der Winter

9 Sprechen und verstehen

a) Die Lernenden fragen und antworten.

b) Wann sind Ferien in Ihrem Bundesland?

Winter	Ostern	Sommer	Herbst	Weihnachten
31.01.–05.02.	18.04.–30.04.	30.06.–12.08.	11.10.–23.10.	23.12.–01.01.

- Wann sind wieder Schulferien?
- Im Winter vom 31. Januar bis zum 5. Februar.

A	B	C	D	E	F	G	H	I	J	K	L	M	N	O	P	Qu	R	S	T
a	b	c	d	e	f	g	h	i	j	k	l	m	n	o	p	qu	r	s	t

Buchstaben – Laute – Silben

1 Sprechen und verstehen

a) Die Lernenden lesen.

b) Die Lernenden variieren den Dialog.

• Wann hat Volker Geburtstag?
▪ Im April.
• Und wann genau?
▪ Am 22. April.

Volker Hausmann,
*22.04.1968, Hamburg

Irina Kuprina,
*31.12.1987, Moskau

2 Buchstaben erkennen

Wo sind die Buchstaben versteckt?
Die Lernenden markieren.

Ä ä H h V v

H i eu Ä M au Ä b V ä H
v z k V ä F h ä s Ä B a H V

3 Silben hören und lesen

a) Sprechen Sie vor, die Lernenden sprechen nach.

b) Die Lernenden lesen die Silben und Wörter.

är — Ärmel   ho — Hotel   va — Vater   vo — Vogel   he — Helene   ver — verkaufen

120 LEKTION 8

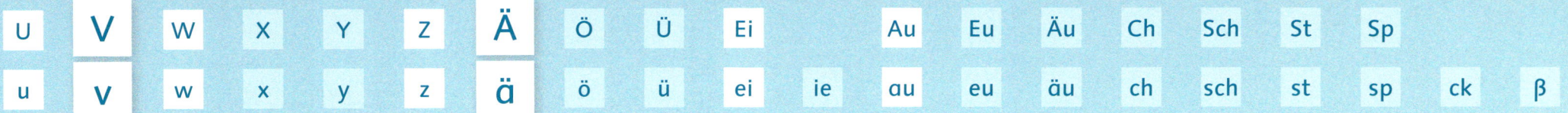

4 Sätze lesen

Die Lernenden lesen.

▶ Tipp siehe S. 224

 Mein Name ist Hamid.
Ich bin am 5. März in Hamburg geboren.
Ich bin verheiratet. Ich habe einen Sohn. Er ist zwei.

5 Lesen und verstehen

a) Wer hat Geburtstag? Wie alt ist die Person? Die Lernenden lesen und antworten.

Betreff:	Einladung zum 30. Geburtstag
Hallo Helmut, am 28. März gibt es um 19 Uhr ein Fest. Kommst du? Hanna kommt! ☺ Bis bald Erika	

b) Die Lernenden schreiben eine Zusage.

6 Wörter schreiben

Die Lernenden schreiben. CD 2.33

Station 4

1 Sprechen und verstehen

a) Die Lernenden lesen die Uhrzeiten.
b) Die Lernenden variieren den Dialog.

LH 251	HELSINKI	19:05	A8
AB 78	BELGRAD	19:10	B3
SK 941	OLBIA	19:17	A9
EZY 4589	ZAGREB	19:22	C4

● Wann fliegt Eva nach Belgrad?
■ Um 19.10 Uhr.

2 Lesen und verstehen

a) Die Lernenden lesen.
b) Was passt zusammen? Die Lernenden verbinden.

● Wie lange dauert der Flug?   ■ Zehn Tage.
● Wie lange bleibst du in Belgrad?   ■ Zwei Stunden und zehn Minuten.

3 Wörter lesen

Welches Wort passt nicht? Die Lernenden lesen und streichen durch.

Monate: November – März – Freitag – Dezember
Tage: Freitag – Vormittag – Sonntag – Montag
Zeit: Minute – Tag – Monat – Ostern

4 Wörter schreiben

Die Lernenden schreiben die Monate.
▶ Tipp siehe S. 225

Januar				Mai	Juni
Juli				November	

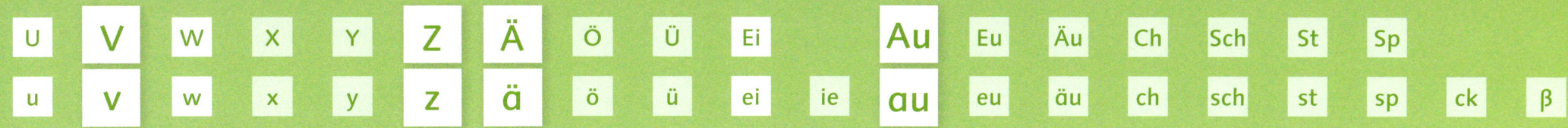

5 Zählen und rechnen lernen

Die Lernenden fragen und antworten.

| 18.00 Uhr: Sportschau | 18.50 Uhr: Lindenstraße | 20.00 Uhr: Tagesschau |
| 18.30 Uhr: Bericht aus Bonn | 19.20 Uhr: Weltspiegel | 20.15 Uhr: Tatort |

• Wann beginnt Lindenstraße? • Wie lange dauert Lindenstraße?

■ Um 18.50 Uhr. ■ 30 Minuten.

6 So funktioniert es

a) Die Lernenden lesen die Sätze.

b) Welche Frage passt? Die Lernenden ordnen zu und schreiben die Fragen über die Sätze.

Wann?

Am Sonntag essen Ali und Eva um 19 Uhr.
Ostern ist im April.

Wie lange?

Der Test dauert von 9 bis 10 Uhr.

c) Die Lernenden ergänzen die fehlenden Wörter.

Der Film beginnt *um* 20.15 Uhr.
Herr Meier arbeitet ____ 9 ____ 17 Uhr.
Der Kurs beginnt ____ Montag ____ 9 Uhr.
Igor hat ____ April Geburtstag, ____ 11.4.

Was darf es sein?

1 **Sprechen und verstehen**

a) Die Lernenden sammeln Wörter zu den Themen Obst und Gemüse.

b) Was kauft die Frau? Die Lernenden kreuzen an. CD 2.34

c) Die Lernenden variieren den Dialog.

- Was darf es sein?
- Ich möchte drei Äpfel.
- Noch etwas?
- Ja, ich nehme noch eine Gurke und vier Tomaten.

2 **Ö: den Laut hören und sprechen**

Sprechen Sie vor, die Lernenden sprechen nach.

das **Öl**

3 **ö und Ö erkennen**

Die Lernenden markieren ö und Ö.

König Öffnung Köln hören Körper Österreich Möbel
Wörter Köchin Öl Löffel östlich nördlich Löwe Köpfe

124 LEKTION 9

4 ö und Ö schreiben

Die Lernenden schreiben.

 ö Ö ö Ö

ö

ö

5 Wörter lesen

a) Die Lernenden lesen.
b) Was kann man kaufen?

 Zeitung Möbel Wörter zwölf Löwe sehen
Olivenöl Körper Köln Hose hören Löffel

6 Wörter lernen

a) Sprechen Sie vor, die Lernenden sprechen nach.

 die Sahne    das Ei    das Hähnchen    die Nudeln    das Brötchen

b) Welche anderen Lebensmittel kennen die Lernenden noch? Die Lernenden sammeln.

▶ Tipp siehe S. 225

das Brot

essen und trinken

c) Die Lernenden üben Pluralformen.

ein Brot   zwei Brote

7 Sätze lesen und verstehen

a) Die Lernenden lesen.

b) Was ist richtig? Die Lernenden kreuzen an.

Wohin geht Eva?
☐ Zum Supermarkt.   ☐ Zum Arzt.

Was kauft Eva?
☐ Brot und Obst.   ☐ Eier und Brot.

8 Lesen und verstehen

a) Was will die Frau kaufen?
Die Lernenden lesen.

b) Die Lernenden vergleichen den Einkaufszettel mit den Lebensmitteln im Einkaufskorb.

c) Die Lernenden korrigieren und schreiben einen neuen Einkaufszettel.

Brot
1 Gurke
6 Tomaten
5 Äpfel
12 Eier
Nudeln
Wurst
Salami

9 Sätze schreiben

Die Lernenden schreiben.

▶ Tipp siehe S. 225

Ich kaufe _____ und _____ .
Ich kaufe _____ .

10 Sprechen und verstehen

Die Lernenden fragen und antworten.

• Was möchtest du? Kaffee oder Tee?
■ Ich möchte Tee, bitte.

127 LEKTION 9

1 Sprechen und verstehen

a) Welche Lebensmittel gibt es hier?

b) Was kauft der Mann? Die Lernenden markieren. CD 2.35

c) Die Lernenden variieren den Dialog.

- Was darf es sein?
- Ich möchte Butter und zwei Dosen Mais.
- Gern. Noch etwas?
- Nein, das ist alles.
- Das macht 2,77 Euro.

2 J: den Laut hören und sprechen

Sprechen Sie vor, die Lernenden sprechen nach.

der ein **Jogurt**

3 j und J erkennen

Die Lernenden markieren j und J.

Jasmin und Jürgen
Monat und Jahr

Juni und Juli
alt und jung

Junge und Mädchen
ja oder nein?

128 LEKTION 9

4 **j und J schreiben**

Die Lernenden schreiben.

129 LEKTION 9

5 Wörter lesen

a) Die Lernenden lesen.
b) Welche Monatsnamen gibt es hier?
c) Welche Monate hat der Frühling, der Sommer, der Herbst und der Winter?

| ja | Januar | Juni | Jahr | Junge | November |
| Mai | jung | Jasmin | Japan | Juli | Jogurt |

6 Wörter lernen

a) Sprechen Sie vor, die Lernenden sprechen nach.
b) Die Lernenden führen Einkaufsdialoge.
c) Die Lernenden schreiben einen Einkaufszettel für ein Gericht.

die Packung   das Stück   die Tüte   die Tafel   250 Gramm   1 Kilo

7 Sätze lesen

a) Die Lernenden lesen und bringen den Dialog in die richtige Reihenfolge.
b) Die Lernenden spielen den Dialog.

▶ Tipp siehe S. 225

1	● Was kostet ein Kilo Äpfel?
	● Gut, dann nehme ich ein Kilo. Und zwei Bananen.
	■ Gern. Das macht dann 4,88 €.
	■ 3,99 €.

8 Sätze schreiben

Was kaufen die Personen?
Die Lernenden schreiben.

 Frau Schmidt kauft eine _____

und _____ .

Herr Jakob _____

_____ .

9 Preise lesen

a) Die Lernenden ergänzen die Preise. CD 2.36

b) Die Lernenden lesen die Preise.

c) Wie kann man die Preise noch anders lesen?

d) Die Lernenden lesen den Dialog.

e) Die Lernenden variieren den Dialog.

▶ Tipp siehe S. 225

 €    €    €    €    €

1,25 €

2,50 €

● Was kostet eine Flasche Saft?
■ 1,25 €.
● Und was kosten zwei Flaschen Saft?
■ Zwei Flaschen Saft kosten 2,50 €.

1 Sprechen und verstehen

a) Die Lernenden lesen die Preise.

b) Was kosten die Möbel? Die Lernenden kreuzen an. CD 2.37

c) Die Lernenden variieren den Dialog mit verschiedenen Preisen.

- ☐ 180,– €
- ☐ 18,00 €
- ☐ 810 Euro

- ☐ 24,– €
- ☐ 240,00 €
- ☐ 420 Euro

- ☐ 350,– €
- ☐ 530,00 €
- ☐ 30 Euro

• Was kostet der Stuhl?

■ … Euro.

• Das ist aber teuer!

2 Sch: den Laut hören und sprechen

Sprechen Sie vor, die Lernenden sprechen nach.

die eine **Sch**okolade

3 sch und Sch erkennen

Die Lernenden markieren sch und Sch.

Sascha geht zum Möbelgeschäft. Er kauft einen Schrank für das Schlafzimmer, einen Tisch für das Wohnzimmer und einen Vorhang für die Dusche.

4 sch und Sch schreiben

Die Lernenden schreiben.

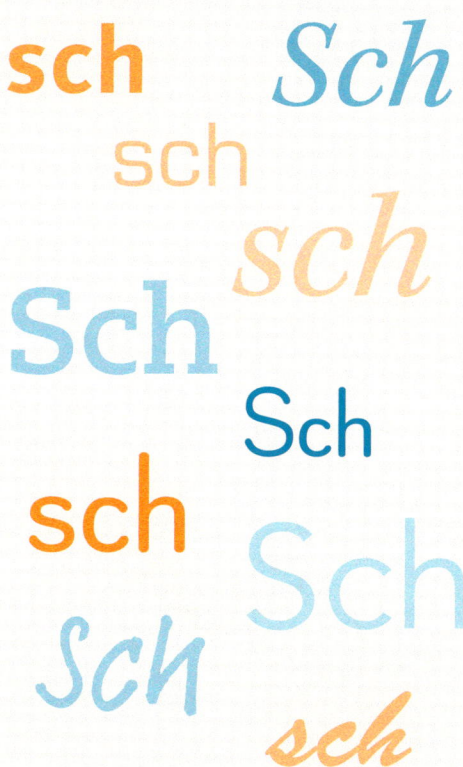

 sch Sch *sch Sch*

sch

sch

5 Wörter lesen

a) Die Lernenden lesen.
b) Welche Wörter reimen sich?

bleiben	Schrank	schwarz	Fleisch	Flasche
Geschäft	Tisch	Fisch	Tasche	schreiben
schlafen	schön	Schere	krank	Dusche

133 LEKTION 9

6 Wörter lernen

a) Sprechen Sie vor, die Lernenden sprechen nach.

der Schrank
das Bett
der Tisch
das Sofa
der Teppich
die Lampe

859,– €
425,90 €
270,– €
87,90 €
129,– €
49,90 €

b) Die Lernenden lesen die Dialoge.
c) Die Lernenden fragen und antworten.

- Ist der Schrank braun?
- Ja, er ist braun.

- Ist die Lampe gelb?
- Nein, sie ist rot.

7 Sätze schreiben

Die Lernenden schreiben Sätze in ihr Heft.

Der Schrank kostet 859 €.

8 Lesen und verstehen

a) Die Lernenden lesen.

b) Jürgen und Jasmin kaufen alles zweimal.
Die Lernenden lesen noch einmal und formulieren den Text um.

9 Sprechen und verstehen

Die Lernenden fragen und antworten.

▶ Tipp siehe S. 225

 Jürgen und Jasmin kaufen Möbel.
Sie kaufen einen Schrank,
einen Tisch, ein Sofa und eine Lampe.

- Was kostet der Schrank?
- 859 Euro.
- Gut, ich nehme ihn.

der ↔ ihn   das ↔ es   die ↔ sie

135   LEKTION 9

Buchstaben – Laute – Silben

1 Sprechen und verstehen

Die Lernenden fragen und antworten.

▶ Tipp siehe S. 225

- Was kostet ein Bund Möhren?
- 1,29 €.

g = Gramm
kg = Kilo(gramm)
l = Liter

2 Silben hören und lesen

a) Sprechen Sie vor, die Lernenden sprechen nach.

b) Die Lernenden lesen die Silben und Wörter.

mö — Möbel   ju — Juni   schu — Schule   sche — Schere

136 LEKTION 9

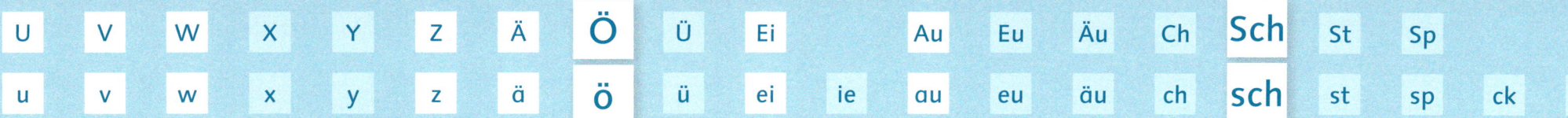

3 Sätze lesen

a) Die Lernenden lesen.

b) Welches Bild passt? Die Lernenden kreuzen an.

Julia will einen Schrank kaufen.
Im Internet bei der Firma Möbelmann findet sie einen Schrank.
Er kostet 690 €.
Er ist rot und modern.

4 Wörter schreiben

Die Lernenden schreiben. CD 2.38

5 Sprechen und verstehen

Die Lernenden variieren den Dialog.

▶ Tipp siehe S. 226

• Was darf es sein?

■ Ich nehme ein Brot und vier Brötchen.

• 3,76 €, bitte.

Was machen Sie jeden Tag?

1 Sprechen und verstehen

a) Die Lernenden sammeln Verben zum Bild.

b) Die Lernenden ordnen die Sätze zu. CD 2.39

c) Die Lernenden fragen und antworten.

Was macht Herr Müller?

Er schläft.

2 Ü: den Laut hören und sprechen

Sprechen Sie vor, die Lernenden sprechen nach.

drei Bücher

3 ü und Ü erkennen

Die Lernenden markieren ü und Ü.

Herr Ünsal kauft zwei Bücher.
Er kauft noch fünf Überraschungseier für seine Kinder.

4 ü und Ü schreiben

Die Lernenden schreiben.

5 Wörter lesen

a) Die Lernenden lesen.
b) Die Lernenden unterstreichen die Zahlwörter.

fünf	für	dürfen	Jürgen	hundert
Übung	zwölf	müssen	Schlüssel	Türkei
müde	über	eins	küssen	fünfzig

A	B	C	D	E	F	G	H	I	J	K	L	M	N	O	P	Qu	R	S	T
a	b	c	d	e	f	g	h	i	j	k	l	m	n	o	p	qu	r	s	t

6 Wörter lernen

a) Die Lernenden lesen die Wörter.

b) Die Lernenden variieren den Dialog.
▶ Tipp siehe S. 226

toll   schön   doof   langweilig

interessant   uninteressant

• Spielst du gern am Computer?
■ Ja, das finde ich toll.

7 Sätze lesen

a) Die Lernenden lesen.

b) Sind die Sätze richtig? Die Lernenden kreuzen an.

Frau Gürsu ist fünfzig Jahre alt. Sie kommt aus der Türkei.
Sie tanzt gern. Das findet sie toll.
Und sie näht gern Kleidung für ihre Kinder.

	richtig	falsch
Frau Gürsu wohnt in der Türkei.	☐	☐
Sie findet Tanzen schön.	☐	☐
Ihre Kinder nähen gern.	☐	☐

U	V	W	X	Y	Z	Ä	Ö	Ü	Ei		Au	Eu	Äu	Ch	Sch	St	Sp		
u	v	w	x	y	z	ä	ö	ü	ei	ie	au	eu	äu	ch	sch	st	sp	ck	ß

8 Sätze schreiben

Die Lernenden schreiben.

▶ Tipp siehe S. 226

  Er • fährt • Rad • gern.
findet • er • Das • toll. 😊

 kauft • nicht gern • Er • ein.
Das • langweilig • findet • er. ☹

---

9 Rechnen lernen

Wie lange? Was ist richtig?
Die Lernenden kreuzen an.

07:30  07:50

08:00  17:00

Wie lange fährt er?
☐ 20 Min. ☐ 30 Min.

Wie lange arbeitet er?
☐ 8 Std. ☐ 9 Std.

---

10 Sprechen und verstehen

Was machen Sie am Sonntag?
Die Lernenden erzählen.

1 Sprechen und verstehen

a) Die Lernenden ordnen die Bilder. CD 2.40

b) Was macht Sandra? Die Lernenden erzählen.

anrufen aufstehen abholen einkaufen fernsehen

2 St: den Laut hören und sprechen

Sprechen Sie vor, die Lernenden sprechen nach.

 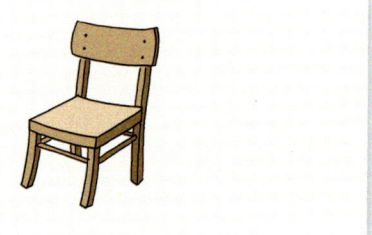

der ein **Stuhl**

3 st und St erkennen

Die Lernenden markieren st und St.

Stefan hat eine neue Arbeitsstelle in Neustadt. Er steht um 6 Uhr auf und frühstückt. Dann fährt er mit der S-Bahn eine halbe Stunde zur Arbeit.

4 st und St schreiben

Die Lernenden schreiben.

5 Wörter lesen

a) Die Lernenden lesen.
b) Welche Wörter kennen die Lernenden? Was bedeuten sie?

Stadt	Staub	Stein	Strom	verstehen
Stunde	Arbeitsstelle	Strümpfe	stopp	Stimme
Stoff	Student	Stufe	Stuhl	Bleistift

| A | B | C | D | E | F | G | H | I | J | K | L | M | N | O | P | Qu | R | S | T |
| a | b | c | d | e | f | g | h | i | j | k | l | m | n | o | p | qu | r | s | t |

6 Wörter lernen

a) Sprechen Sie vor, die Lernenden sprechen nach.

das Frühstück

Ich frühstücke um 7 Uhr.

das Mittagessen

Ich esse um 13 Uhr zu Mittag.

das Abendessen

Ich esse um 19 Uhr zu Abend.

b) Die Lernenden fragen und antworten.

• Wann frühstückst du?

■ Um 7 Uhr. Und du?

7 Sätze lesen

a) Die Lernenden lesen.

b) Welches Bild passt zum Text? Die Lernenden kreuzen an.

Jürgen wohnt in Stuttgart in der Kantallee. Er ist Student.
Er muss jeden Tag zur Uni gehen.
Jeden Abend lernt er zwei Stunden Englisch.

144 LEKTION 10

8 Sätze schreiben

Die Lernenden schreiben Sätze zum Bild.

9 Rechnen lernen

Die Lernenden lesen und beantworten die Fragen.

★ 2.4.1978 Wie alt ist sie?
✈ 1.12.1999 Wie lange lebt sie in Nürnberg?
⚭ 5.6.2002 Wie lange ist sie verheiratet?

10 Sprechen und verstehen

a) Was macht die Frau? Die Lernenden erzählen.

b) Was machen Sie heute/morgen? Die Lernenden erzählen.

1 Lesen und verstehen

a) Was muss Johanna machen?
   Die Lernenden lesen und antworten.

b) Was macht Johanna wirklich?
   Die Lernenden vergleichen mit den Bildern.

Hallo Johanna,
deine Aufgaben:
• Brot kaufen,
• Oma anrufen,
• Hausaufgaben machen.
Bis später, ich komme um 7.
Kuss, Mama

2 Sp: den Laut hören und sprechen

Sprechen Sie vor, die Lernenden sprechen nach.

der **Sp**ort

3 sp und Sp erkennen

Die Lernenden markieren sp und Sp.

Uta studiert Sport und Englisch in Leipzig.

Sie spricht sehr gut Englisch.

Sie macht oft Urlaub in England und in Spanien.

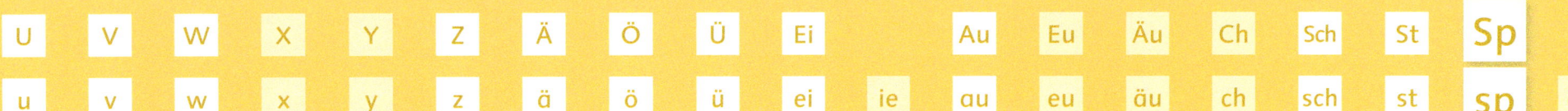

4 sp und Sp schreiben

Die Lernenden schreiben.

 sp Sp *sp* *Sp*

5 Wörter lesen

a) Die Lernenden lesen.
b) Welche Wörter kennen die Lernenden? Was bedeuten sie?

Spanien	Sport	spät	sparen	springen
Spur	Speise	Spinne	Spargel	Sprudel
Spritze	spanisch	Verspätung	Sparkasse	spitz

6 Wörter lernen

a) Sprechen Sie vor, die Lernenden sprechen nach.

jeden Morgen   jeden Vormittag   jeden Tag

jeden Nachmittag   jeden Abend   jede Nacht

b) Die Lernenden fragen und antworten.

● Was müssen Sie jeden Morgen machen?
■ Ich muss das Frühstück machen.

● Was musst du …?
■ Ich muss …

7 Sätze schreiben

Was müssen die Lernenden jeden Tag machen? Die Lernenden schreiben.

148 LEKTION 10

8 Sätze lesen

a) Die Lernenden lesen.

b) Warum spart Jarek Geld und lernt Spanisch? Die Lernenden antworten.

Jarek hat einen Freund in Spanien.
Er will dorthin fahren.
Deshalb spart er Geld und lernt Spanisch.
Er versteht Spanisch schon sehr gut.

9 Hören und verstehen

Was ist richtig? Die Lernenden kreuzen an. CD 2.41

	richtig	falsch
Hung steht um 9 Uhr auf.	☐	☐
Er macht jeden Mittag Sport.	☐	☐
Hung spielt gern Karten.	☐	☐

10 Sprechen und verstehen

Die Lernenden variieren den Dialog.

• Du musst Hausaufgaben machen.
■ Aber ich will nicht! Ich will Musik hören.

A	B	C	D	E	F	G	H	I	J	K	L	M	N	O	P	Qu	R	S	T
a	b	c	d	e	f	g	h	i	j	k	l	m	n	o	p	qu	r	s	t

Buchstaben – Laute – Silben

1 Hören und verstehen

a) Die Lernenden sammeln Wörter zu den Bildern.

b) Welches Bild ist falsch? Die Lernenden kreuzen an. CD 2.42

c) Die Lernenden beschreiben die Bilder und erzählen nach.

2 Silben hören und lesen

a) Sprechen Sie die Silben vor, die Lernenden sprechen nach.

b) Die Lernenden lesen die Silben und Wörter.

Stu   Spa   Tü   Mü
Stun   Spar   Tür   Mün
Stunde   Spargel   Türkei   Münze

150 LEKTION 10

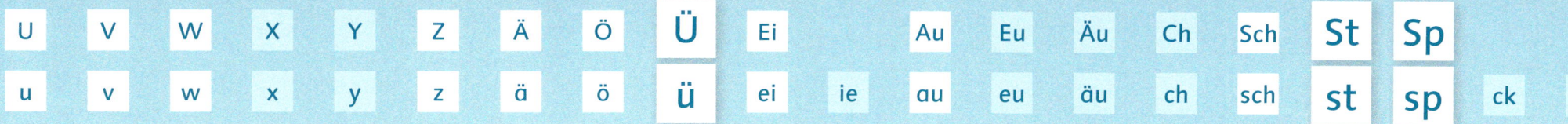

3 Wörter lesen

a) Die Lernenden lesen.

b) Welche Gegenstände sind im Kursraum? Die Lernenden unterstreichen.

stark	springen	Schlüssel	küssen	Bleistift
Sparkasse	Heft	Tür	Kreide	Tankstelle
Kuli	Lineal	Sterne	üben	überholen

4 Sätze lesen

a) Die Lernenden lesen.

b) Was ist auf den Bildern falsch? Die Lernenden markieren.

Frau Weber steht jeden Tag um 8 Uhr auf.
Sie arbeitet von 9 bis 13 Uhr.
Jeden Mittag ruft sie ihren Mann an.
Jeden Abend geht sie zum Sport. Das findet sie toll.

5 Wörter schreiben

Die Lernenden schreiben. CD 2.43

Station 5

1 **Lesen und verstehen**

a) Die Lernenden lesen.

b) Was machen Karin und Stefan? Die Lernenden antworten.

Hallo Jürgen,
wir sind in Berlin. Wir wohnen im Hotel Steiner. Die Stadt ist toll. Am Vormittag fahren wir zum Brandenburger Tor. Dann gehen wir in den Zoo.
Bis Sonntag
Stefan und Karin

2 **Wörter lesen**

Welches Wort passt nicht? Die Lernenden lesen und streichen durch.

das Bett • das Sofa • die Sahne • der Schrank

ein Jogurt • 250 Gramm • ein Kilo • ein Liter

toll • schön • interessant • langweilig

3 Sätze schreiben

Die Lernenden schreiben.

 Julia und Sascha • in Spanien • sind.

Sie • das Hotel • super • finden.

Sie • Fisch • essen • jeden Tag.

Am Montag • zu Hause • rufen • an • sie.

4 So funktioniert es

a) Die Lernenden lesen die Sätze.

- Johanna, es ist 7.30 Uhr. Du musst aufstehen.
- Nein, ich bin krank. Ich stehe nicht auf.

aufstehen			
Ich	stehe	um 8 Uhr	auf.
Du	stehst	um 7 Uhr	auf.
Er	steht	um 9 Uhr	auf.
Wir	stehen	um 8 Uhr	auf.
Sie	stehen	um 10 Uhr	auf.

b) Die Lernenden bilden mit den Verben Sätze.

▶ Tipp siehe S. 226

anrufen   einkaufen   abholen   fernsehen   aufräumen

Gefällt Ihnen der Mantel?

1 Sprechen und verstehen

a) Die Lernenden lesen den Dialog.

- Gefällt Ihnen der Mantel?
- Ja, der ist super.
- Und das Kleid?
- Nein, das ist nicht schön.

der Mantel   das Kleid

b) Die Lernenden variieren den Dialog.

▶ Tipp siehe S. 226

die Hose   der Anzug   das Hemd   die Bluse

2 Äu: den Laut hören und sprechen

Sprechen Sie vor, die Lernenden sprechen nach.

zwei **H****äu****ser**

154 LEKTION 11

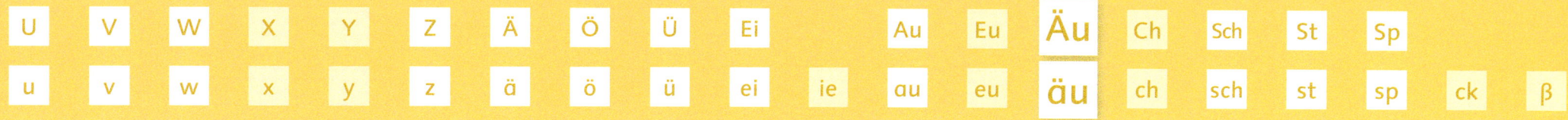

3 äu und Äu schreiben

Die Lernenden schreiben.

 äu Äu *äu* *Äu*

äu

äu

 das Haus  der Baum  die Maus

 die Häuser  die Bäume  die Mäuse

4 Wörter lesen

Die Lernenden unterstreichen äu und lesen die Wörter.

155 LEKTION 11

5 Wörter lernen

a) Sprechen Sie vor, die Lernenden sprechen nach.

b) Die Lernenden verbinden die Wörter mit den passenden Abbildungen.

| die Hose | der Mantel | das Kleid | die Schuhe | das Hemd | die Jacke |
| die Bluse | der Anzug | der Pulli | die Socken | das T-Shirt | der Rock |

c) Die Lernenden fragen und antworten.

Was kostet …?   Gefällt dir …?

▶ Tipp siehe S. 226

6 Sätze lesen

a) Die Lernenden lesen.

b) Die Lernenden vergleichen den Text mit dem Bild.

Frau Bäumer geht in ein Kaufhaus.
Sie kauft ein Kleid.
Das Kleid ist blau und elegant.
Es kostet 80 €.

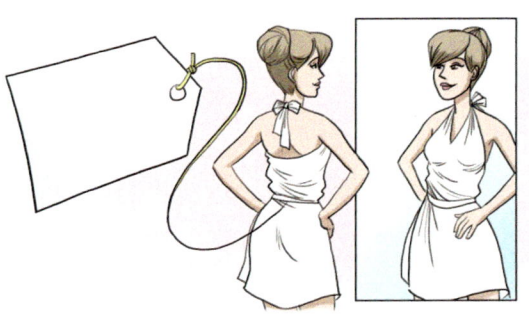

U	V	W	X	Y	Z	Ä	Ö	Ü	Ei		Au	Eu	Äu	Ch	Sch	St	Sp		
u	v	w	x	y	z	ä	ö	ü	ei	ie	au	eu	äu	ch	sch	st	sp	ck	ß

7 Sätze schreiben

Die Lernenden schreiben.

✏️ Hung geht einkaufen.

Er kauft einen _____ und eine _____ .

Der _____ ist _____ und _____ .

Er _____ 49,90 €.

8 Hören und verstehen

Was ist richtig? Die Lernenden kreuzen an. CD 2.44

👂 Wo ist Frau Abt?
☐ Im Supermarkt.
☐ Im Kaufhaus.

Was kauft sie?
☐ Eine Hose.
☐ Ein Kleid.

9 Sprechen und verstehen

Die Lernenden spielen Memory.

👄  der Mantel    die Hose

1 Sprechen und verstehen

a) Was probiert Ralf an? CD 2.45

b) Die Lernenden lesen den Dialog.

- Schau mal, Ralf, das Hemd ist toll.
- Ja, es ist schön.
- Willst du das Hemd anprobieren?
- Ja, ich probiere es an.

c) Die Lernenden variieren.

der ↔ er
den ↔ ihn

das ↔ es

die ↔ sie

2 Eu: den Laut hören und sprechen

Sprechen Sie vor, die Lernenden sprechen nach.

der
ein **Euro**

158 LEKTION 11

3 eu und Eu schreiben

Die Lernenden schreiben.

4 Wörter lesen

a) Die Lernenden lesen die Wörter.
b) Was sind Kleidungsstücke?
   Die Lernenden unterstreichen.

▶ Tipp siehe S. 226

 eu Eu *eu* *Eu*

neu	Anzug	teuer	Hose	heute
Leute	Europa	neun	Feuer	freuen
Kleid	Freude	Kreuz	Bluse	Freund

5 Wörter lernen

a) Die Lernenden lesen die Wörter.

teuer

groß

lang

billig

klein

kurz

Wie sind …? Wie ist …?

b) Die Lernenden fragen und antworten.

6 Lesen und verstehen

a) Die Lernenden lesen, fragen und antworten.

b) Man will zwei Artikel kaufen. Was kostet das zusammen? Die Lernenden rechnen.

- Was kostet die Hose?
- Sie kostet …

nur 12 €
Kinderhose
blau, gelb, rot
Größe: 86 bis 116

ab 22 €
Sommerbluse
100 % Baumwolle
Größe: 36 bis 44

ab 18 €
Herrenhemd
Ärmel kurz oder lang
Größe: S, M, L, XL

ab 38 €
Sportschuhe
für Männer und Frauen
Größe: 36 bis 46

7 Sprechen und verstehen

a) Die Lernenden lesen und variieren die Dialoge.

b) Welches Bild passt? Die Lernenden kreuzen an. CD 2.46

- Passt Ihnen die Hose?
- Ja, sie passt gut.

- Passt dir die Hose?
- Nein, sie ist zu eng.

 zu lang  zu kurz  zu eng  zu weit

8 Sätze schreiben

Die Lernenden wählen ein Bild in Übung 7 aus und schreiben Sätze dazu.

LEKTION 11

A	B	C	D	E	F	G	H	I	J	K	L	M	N	O	P	Qu	R	S	T
a	b	c	d	e	f	g	h	i	j	k	l	m	n	o	p	qu	r	s	t

Buchstaben – Laute – Silben

1 Sprechen und verstehen

Die Lernenden fragen und antworten.

▶ Tipp siehe S. 226

3. STOCK	Kinderkleidung Babywäsche Sport- und Bademode
2. STOCK	Mäntel und Jacken Schuhe
1. STOCK	Herrenmode
EG	Damenmode
UG	Damenwäsche Herrenwäsche

● Wo finde ich Kleider?
■ Im Erdgeschoss.

2 Hören und verstehen

Wo finden Sie …? Wie viel kostet …?
Die Lernenden kreuzen an und
ergänzen. CD 2.47

 ab ____ €

☐ im EG
☐ im 1. Stock
☐ im 2. Stock

 ab ____ €

☐ im EG
☐ im 1. Stock
☐ im 2. Stock

 ab ____ €

☐ im EG
☐ im 1. Stock
☐ im 2. Stock

162 LEKTION 11

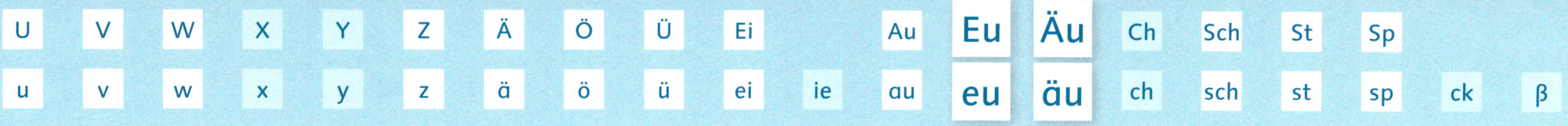

3 Wörter lesen

a) Die Lernenden lesen. Welche Gegensätze gibt es hier?

Verkäufer	Bäume	interessant	billig	Euro
teuer	läuft	kurz	langweilig	Freundin
heute	klein	groß	Mäuse	lang

b) Die Lernenden lesen und ordnen zu.

9 **19** **90** **900**

neunzig • neunhundert • neunzehn • neun

4 Sätze lesen

Die Lernenden lesen und unterstreichen im Text: Wo ist Frau Breuer? Was kauft sie? Wie viel kostet es?

Frau Breuer ist im Kaufhaus. Sie will ein Kleid kaufen.
Im 1. Stock gibt es Kleider.
Frau Breuer kauft ein Kleid. Es ist rot und sehr elegant.
Das Kleid ist teuer. Es kostet 190 Euro.

5 Sätze schreiben

Die Lernenden wählen einen Satz aus Aufgabe 4 und diktieren sich die Sätze in Partnerarbeit.

Wie gefällt Ihnen die Wohnung?

1 Sprechen und verstehen

a) Die Lernenden lesen.

b) Die Lernenden variieren den Dialog.

- Wie gefällt Ihnen die Wohnung?
- Na ja, ich finde sie zu dunkel.
- Zu dunkel? Die Wohnung ist doch nicht dunkel. Sie ist hell.

billig • teuer • groß • klein •
schön • hässlich • hell • dunkel

c) Was ist richtig? Die Lernenden kreuzen an. CD 2.48

☐ Die Wohnung gefällt der Frau.
☐ Die Wohnung gefällt dem Mann.

2 Ch: den Laut hören und sprechen

Sprechen Sie vor, die Lernenden sprechen nach.

die
eine **Milch**

164 LEKTION 12

3 ch und Ch schreiben

Die Lernenden schreiben.

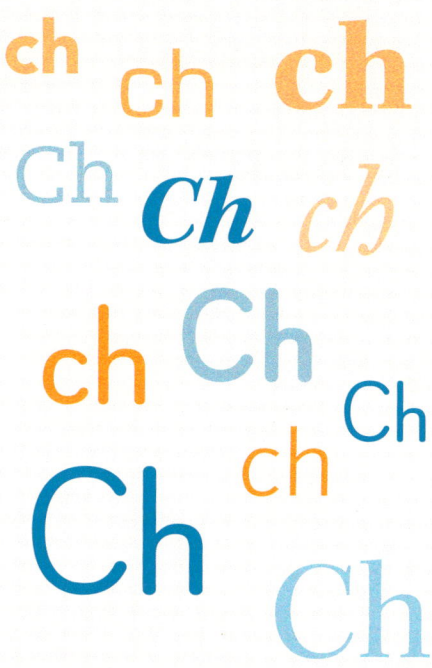

ch Ch *ch* *Ch*

ch

ch

4 Wörter lesen

a) Die Lernenden lesen die Wörter.
b) Welche Personen gibt es hier? Die Lernenden unterstreichen.

ich	Frau	sprechen	Mädchen	rechnen
Küche	Bruder	Becher	Licht	Töchter
Köchin	schlecht	sechzig	freundlich	Gesicht

5 Wörter lernen

a) Die Lernenden lesen die Wörter und ergänzen sie in der Skizze.

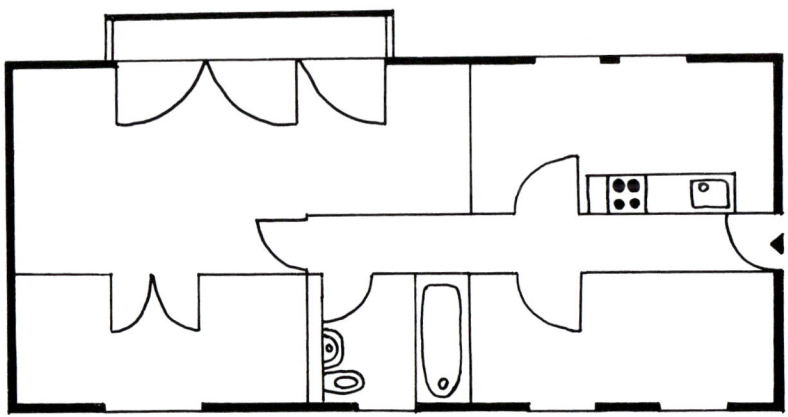

die Küche
das Wohnzimmer
das Schlafzimmer
das Kinderzimmer
das Bad
die Toilette
der Balkon

b) Die Lernenden beschreiben die Wohnung.

c) Die Lernenden zeichnen ihre Wohnung und beschreiben sie.

Hier ist das Schlafzimmer.

Unser Wohnzimmer ist groß, aber die Küche ist klein.

6 Lesen und verstehen

Was bedeuten die Abkürzungen? Die Lernenden ordnen zu.

▶ Tipp siehe S. 227

Kassel-Mitte, 4-Zi-Whg., 97 m², Kü, Bad, BLK, 940 € warm

die Wohnung _____
das Zimmer _____
der Balkon _____
die Küche _____
(der) Quadratmeter _____

166 LEKTION 12

7 Sprechen und verstehen

a) Die Lernenden lesen den Dialog.

b) Die Lernenden variieren den Dialog.

im dritten Stock
im zweiten Stock
im ersten Stock
im Erdgeschoss

● Wer wohnt im Erdgeschoss?
■ Dort wohnt Familie Matani.

c) Die Lernenden fragen und antworten.

● Wo wohnen Sie?
■ Ich wohne im zweiten Stock. Und Sie?

8 Sätze schreiben

Welche Zimmer hat Ihre Wohnung?
Die Lernenden schreiben.

1 Sprechen und verstehen

Die Lernenden variieren den Dialog. CD 2.49

● Welches Sofa gefällt Ihnen?

■ Dieses. Was kostet es?

● Dieses Sofa ist im Angebot. Es kostet nur 99 Euro.

der Schrank
Welcher?
Dieser.

das Sofa
Welches?
Dieses.

die Lampe
Welche?
Diese.

die Stühle
Welche?
Diese.

2 Ch: den Laut hören und sprechen

Sprechen Sie vor, die Lernenden sprechen nach.

das
ein **Buch**

3 ch und Ch schreiben

Die Lernenden schreiben.

4 Wörter lesen

a) Die Lernenden lesen die Wörter.

acht	rauchen	Buch	Tag	lachen	Mittwoch
weinen	Nacht	Heft	Woche	Sohn	essen
neun	Montag	Tochter	Monat	Zigarette	trinken

b) Was gehört zusammen? Die Lernenden suchen Wortpaare.

Monat und Woche.

169 LEKTION 12

5 Wörter lernen

a) Welche Möbelstücke kennen die Lernenden?

b) Die Lernenden lesen und ordnen die Wörter zu.

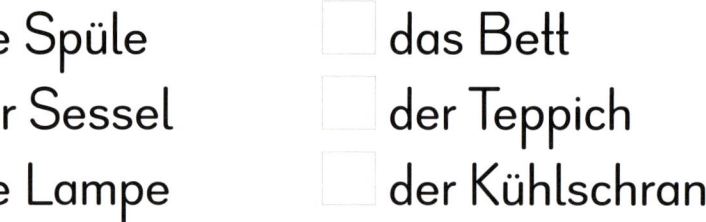

☐ die Spüle ☐ das Bett ☐ das Sofa
☐ der Sessel ☐ der Teppich ☐ das Regal
☐ die Lampe ☐ der Kühlschrank ☐ der Herd

c) Gefallen Ihnen die Möbel? Die Lernenden erzählen.

▶ Tipp siehe S. 227

> Der Sessel gefällt mir nicht.

d) Welche Möbel haben Sie zu Hause? Die Lernenden erzählen.

6 Hören und verstehen

a) Was ist auf dem Bild anders? Die Lernenden markieren auf dem Foto. CD 2.50

b) Die Lernenden beschreiben das Zimmer.

7 Sätze schreiben

Welche Möbel gibt es auf dem Bild oben? Wie sind die Möbel? Die Lernenden schreiben.

▶ Tipp siehe S. 227

8 Sätze lesen

a) Die Lernenden lesen.

b) Wo wohnen die Kinder? Die Lernenden unterstreichen im Text.

- Uli, was machen deine Kinder?
- Unsere Tochter sucht eine Wohnung in Aachen.
- Und was macht dein Sohn?
- Er wohnt in Dachau. Er besucht uns heute.

A	B	C	D	E	F	G	H	I	J	K	L	M	N	O	P	Qu	R	S	T
a	b	c	d	e	f	g	h	i	j	k	l	m	n	o	p	qu	r	s	t

Buchstaben – Laute – Silben

1 Hören und verstehen

a) Was fehlt in dem Zimmer?
   Die Lernenden erzählen.

b) Was kauft das Ehepaar?
   Die Lernenden kreuzen an. CD 2.51

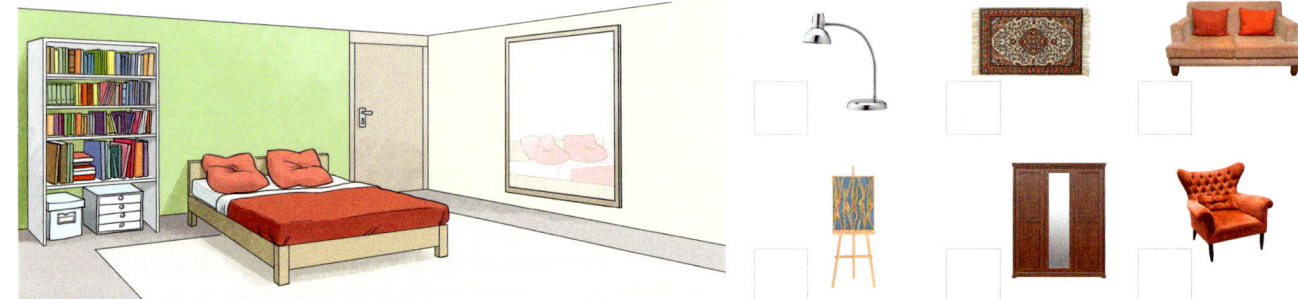

2 Wörter lesen

a) Die Lernenden lesen.

Buch • Bücher   ich • acht   Koch • Köchin
Tochter • Töchter   möchten • brauchen

b) Die Lernenden schreiben die Wörter in die passende Spalte.

Bu**ch**    Mil**ch**

172 LEKTION 12

3 Sätze lesen

Die Lernenden lesen und bringen die Bilder in die richtige Reihenfolge.

Herr Heinrich surft im Internet. Er braucht ein Regal für seine Bücher. Es gibt viele Regale im Angebot.
Er findet ein Regal für 180 Euro.
Herr Heinrich ruft an und kauft das Regal.

 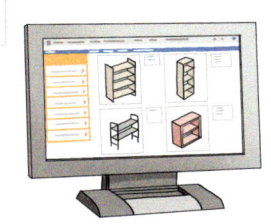 

4 Sätze schreiben

Die Lernenden wählen einen Satz aus Aufgabe 3 und diktieren sich die Sätze in Partnerarbeit.

5 Sprechen und verstehen

a) Die Lernenden machen eine Collage von einem Wohnzimmer.

b) Die Lernenden beschreiben „ihr" Zimmer.

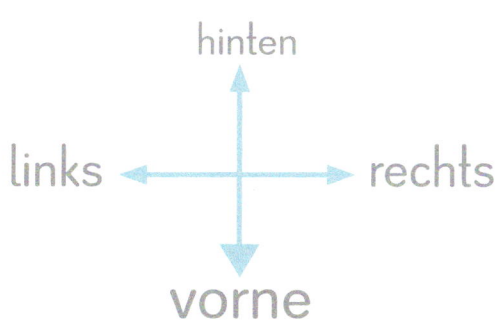

173 LEKTION 12

Station 6

1 Sprechen und verstehen

a) Was sagt der Verkäufer? Was sagt der Kunde? Die Lernenden lesen und unterstreichen: Verkäufer = blau, Kunde = rot.

b) Die Lernenden spielen den Dialog.

Ehebetten finden Sie hinten rechts. • Das Bett gefällt uns, aber es ist zu teuer. • Das Bett kostet 899 Euro. • Entschuldigung, wir suchen ein Ehebett. • Was kostet das Bett hier? • Wie finden Sie dieses Bett?

2 Lesen und schreiben

a) Die Lernenden beantworten die Fragen.

b) Die Lernenden schreiben zu zweit einen Dialog „In der Kleiderabteilung".

c) Die Lernenden spielen die Dialoge.

Was kauft die Frau?
Was muss sie bezahlen?

_____

_____

3 So funktioniert es

a) Die Lernenden lesen den Dialog.

- Schau mal, der Mantel ist schön!
- Ja, er ist toll. Kaufst du den Mantel?
- Nein, ich kaufe ihn nicht. Er ist zu teuer.

	Kaufst du …	Ja, ich kaufe …
der	den Mantel?	ihn.
das	das Kleid?	es.
die	die Hose?	sie.
die (Pl.)	die Schuhe?	sie.

b) Die Lernenden ergänzen den Dialog.
c) Die Lernenden variieren den Dialog.

- Schau mal, _____ Kleid ist schön!
- Ja, _____ ist toll. Kaufst du _____ Kleid?
- Nein, ich kaufe _____ nicht. _____ ist zu teuer.

Was tut Ihnen weh?

1 Sprechen und verstehen

a) Die Lernenden lesen und unterstreichen die Körperteile.

b) Die Lernenden variieren den Dialog.

- Was tut Ihnen weh?
- Mein Kopf tut weh.
- Tut Ihnen der Hals weh?
- Nein, der Hals tut nicht weh.

2 ie: den Laut hören und sprechen

Sprechen Sie vor, die Lernenden sprechen nach.

das ein **Knie**

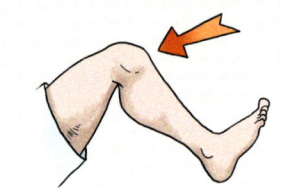

3 ie schreiben

Die Lernenden schreiben.

176 LEKTION 13

4 Wörter lesen

a) Die Lernenden unterstreichen ie und lesen die Wörter.

b) Die Lernenden lesen und bilden Wörter. Was bedeuten die Wörter?

die   sie   vier   sieben   wiedersehen

viel   lieber   Brief   fliegen   Zwiebel

spielen   Dienstag   telefonieren   spazieren

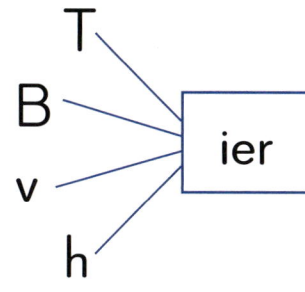
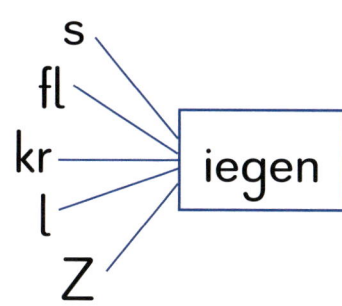

5 Sätze lesen

a) Die Lernenden lesen und ordnen den Dialog.

b) Die Lernenden kontrollieren den Dialog. CD 2.52

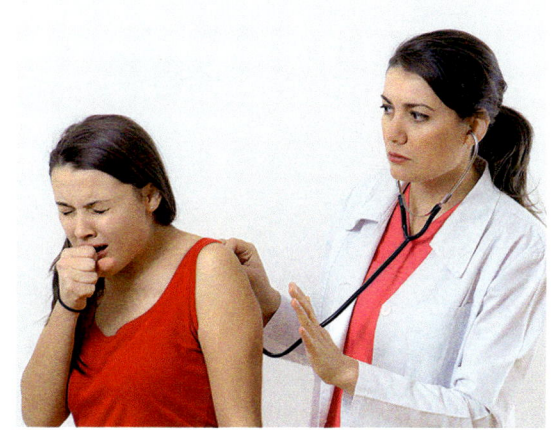

1	• Guten Tag, Frau Mutlu.
	• Was tut Ihnen weh?
	• Haben Sie Fieber?
	■ Mein Hals tut weh.
	■ Nein, ich habe kein Fieber.
	■ Guten Tag, Frau Dr. Siebert.

6 Wörter lernen

a) Welche Körperteile kennen die Lernenden? Die Lernenden sammeln im Kurs.

b) Sprechen Sie vor, die Lernenden sprechen nach und ordnen die Körperteile zu.

der Kopf
das Gesicht
die Haare
das Auge
die Nase
der Mund
das Ohr

der Körper
der Hals
die Brust
der Rücken
die Hand
der Finger
das Bein
der Zeh

c) Wie viele ... hat der Mensch? Die Lernenden ergänzen.

Der Mensch hat eine _____ , einen _____ ,

einen _____ ,

2 _____ ,

10 _____ und _____ ,

viele _____ .

d) Die Lernenden fragen und antworten.

▶ Tipp siehe S. 227

• Was tut Ihnen weh?
■ Mein Knie tut weh.

• Was tut Ihnen weh?
■ Meine Ohren tun weh.

7 Sätze schreiben

a) Die Lernenden schreiben Sätze.

Was • Ihnen • tut • weh? _____

Knie • weh • Mein • tut. _____

b) Die Lernenden schreiben Sätze zum Bild.

8 Sätze lesen

Die Lernenden lesen und ergänzen die fehlenden Wörter.

Simon hat Kopfschmerzen. Sein _____ tut sehr weh.

Sofie hat _____. Ihre Ohren tun sehr weh.

9 Zahlen wiederholen

Die Lernenden verbinden die Zahlen.

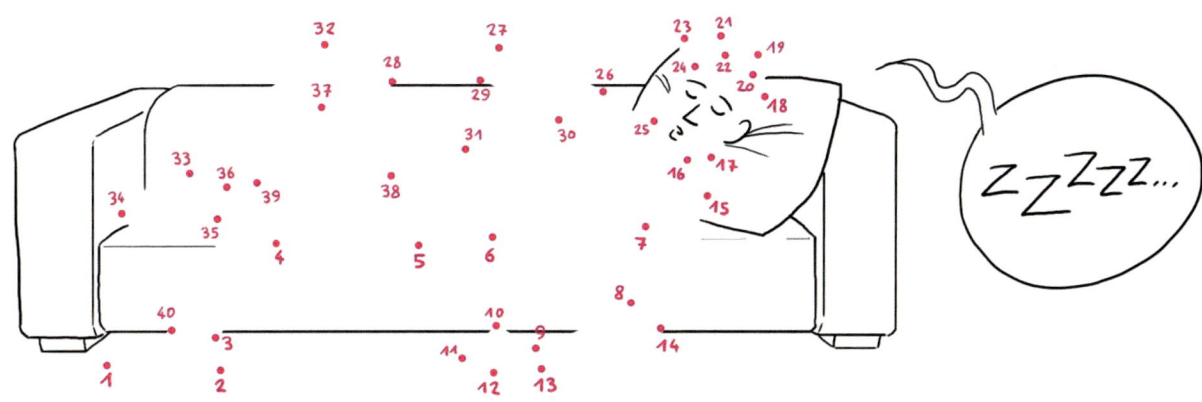

179 LEKTION 13

1 Sprechen und verstehen 👄

a) Welche Ärzte kennen die Lernenden? Welche Wörter kennen sie zum Thema „Arzt"? Die Lernenden sammeln Wörter.

b) Welches Foto passt? Die Lernenden ordnen zu.

c) Die Lernenden variieren den Dialog.

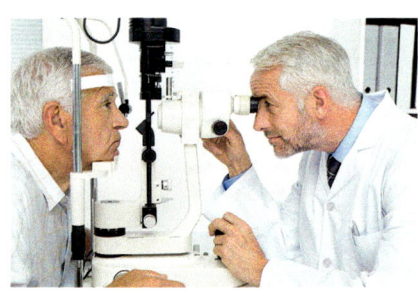 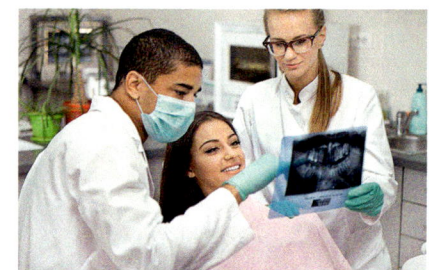 

die Hausärztin • der Augenarzt • der Zahnarzt

● Wie geht es dir?
■ Schlecht.
● Was tut dir weh?
■ Ich habe Zahnschmerzen.
● Geh doch zum Zahnarzt.

2 C: den Laut hören und sprechen

Sprechen Sie vor, die Lernenden sprechen nach.

der ein

180 LEKTION 13

3 C schreiben

Die Lernenden schreiben.

4 Wörter lesen

Die Lernenden lesen die Wörter.

caritas   Tennisclub   Creme   CAFÉ   **Computer**

CORNFLAKES

5 Wörter lernen

a) Die Lernenden lesen.

b) Die Lernenden beschreiben die Bilder.

c) Die Lernenden wählen ein Bild und schreiben einen Satz.

krank   erkältet   gesund   fit

6 Wörter lernen

a) Sprechen Sie vor, die Lernenden sprechen nach.

b) Wo ist das? CD 2.53

 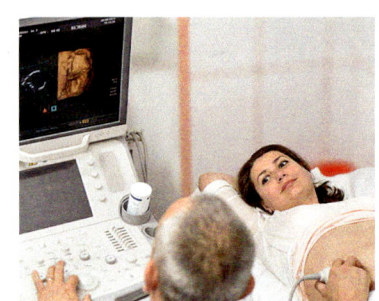 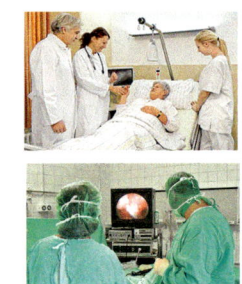 

das Wartezimmer   die Arztpraxis   das Krankenhaus   die Apotheke

c) Wo ist das? Die Lernenden lesen und ordnen zu.

Wartezimmer •   • Die Menschen sind krank und warten.
Arztpraxis •   • Ein Mann holt Tabletten ab.
Krankenhaus •   • Der Arzt untersucht eine Frau und schreibt ein Rezept.
Apotheke •   • Die Ärzte operieren eine Frau.

d) Die Lernenden sammeln Wörter.

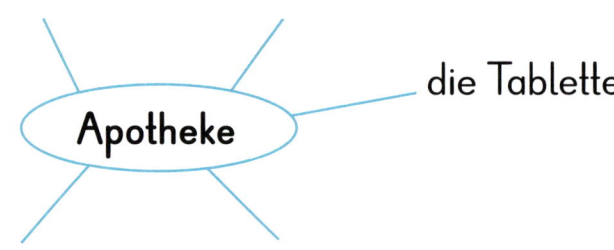

7 Eine Notiz lesen und verstehen

Welche Notiz passt? Die Lernenden kreuzen an.

Sarah ist erkältet. Sie hat Halsschmerzen.
Die Mutter geht mit Sarah zum Arzt.

Ich bin krank und gehe zum Arzt. Ich komme um zwölf. Karin

Sarah ist krank. Wir gehen zum Arzt. Bitte die Schule anrufen. Karin

8 Eine Notiz schreiben

Die Lernenden schreiben eine Notiz.

Ihr Kind ist krank.
Sie gehen zur Apotheke.

9 Hören und verstehen

a) Wann ist der Termin? Die Lernenden kreuzen an. CD 2.54

b) Die Lernenden variieren den Dialog.

Wann ist der Termin?

☐ Am Dienstag.   ☐ Um 16.30 Uhr.

☐ Am Mittwoch.   ☐ Um 9.00 Uhr.

1 Sprechen und verstehen

a) Warum muss Frau Lang zu Hause bleiben? Die Lernenden antworten. CD 2.55

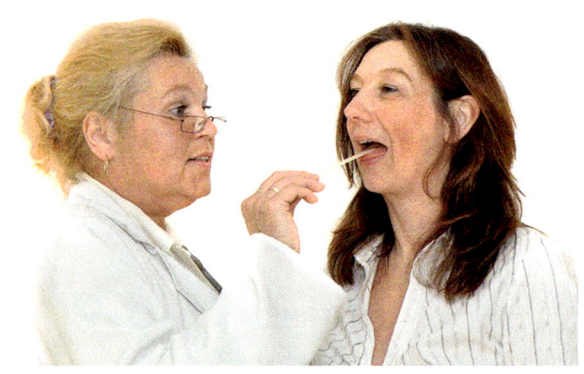

b) Was sagt die Ärztin: Was muss Frau Lang machen? Die Lernenden kreuzen an. CD 2.55

c) Die Lernenden spielen den Dialog.

▶ Tipp siehe S. 227

☐ Machen Sie bitte den Mund auf!
☐ Bleiben Sie eine Woche zu Hause!
☐ Nehmen Sie diese Tabletten!
☐ Trinken Sie viel Tee!
☐ Kommen Sie am Freitag wieder!

2 ck: den Laut hören und sprechen

Sprechen Sie vor, die Lernenden sprechen nach.

 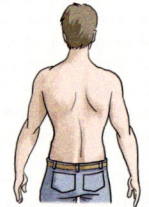

der ein **Rücken**

184 LEKTION 13

U	V	W	X	Y	Z	Ä	Ö	Ü	Ei		Au	Eu	Äu	Ch	Sch	St	Sp		
u	v	w	x	y	z	ä	ö	ü	ei	ie	au	eu	äu	ch	sch	st	sp	ck	ß

3 ck schreiben

Die Lernenden schreiben.

4 Wörter lesen

a) Die Lernenden lesen die Wörter.

b) Was kann man zum Frühstück essen und trinken? Die Lernenden schreiben die Wörter.

Zucker   Frühstück   backen   Wurst   Rock
Milch   Bäcker   Socken   Brot   dick
Käse   Saft   Stecker   Speck   Marmelade

5 Wörter lernen

a) Sprechen Sie vor, die Lernenden sprechen nach.

der Husten   der Schnupfen   die Grippe   das Fieber   die Erkältung

b) Die Lernenden lesen und variieren den Dialog.

- Wie geht es Ihnen?
- Schlecht, ich habe Husten.
- Dann nehmen Sie Hustensaft!

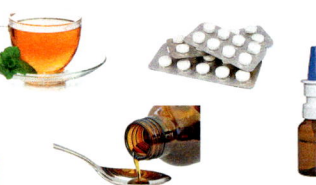 

6 Sprechen und verstehen

Die Lernenden variieren den Dialog.

- Mama, ich möchte fernsehen.
- Ja, mach aber zuerst die Hausaufgaben!

Computer spielen • Brot kaufen
Musik hören • die Oma anrufen

7 Sätze lesen und verstehen

Was passt? Die Lernenden ordnen die Sätze zu und schreiben sie.

Nimm Hustensaft! • Geh zum Zahnarzt! • Bleib im Bett! • Mach einen Termin beim Kinderarzt! • Geh zum Augenarzt!

Mein Zahn tut weh.

_____

Mein Kind hat Bauchschmerzen.

_____

Ich habe Fieber.

_____

Ich habe Husten.

_____

Ich sehe schlecht.

_____

Buchstaben – Laute – Silben

1 Sprechen und verstehen

a) Die Lernenden sammeln Wörter zu den Bildern.

b) Die Lernenden erzählen die Bildergeschichte nach.

c) Die Lernenden schreiben zu den Bildern je einen Satz in ihr Heft.

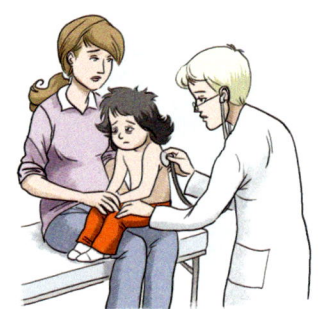

2 Wörter lesen

a) Die Lernenden lesen und notieren Silbenbögen.

b) Welche Wörter gehören zum Thema „Arzt"? Die Lernenden unterstreichen.

Miete	Liebe	Computer	Bier	Rücken
operieren	Café	Fieber	Schmerzen	Erkältung
Tierarzt	Coca-Cola	Allergie	Knie	Spiegel

3 Wörter schreiben

a) Die Lernenden schreiben. CD 2.56

b) Die Lernenden bilden mit den Wörtern Sätze.

4 Sätze lesen und schreiben

a) Die Lernenden lesen.

b) Die Lernenden schreiben Sätze im Imperativ mit Sie.

- Ich habe Zahnschmerzen.
- Geh doch zum Zahnarzt!
- Ich habe Husten.
- Nimm doch Hustensaft!
- Ich habe Fieber.
- Geh doch ins Bett!

5 Sprechen und verstehen

Die Lernenden fragen und antworten.

▶ Tipp siehe S. 227

Dr. med. Siegfried Pack
Kinderarzt

Montag bis Freitag 9–12 und 14–17 Uhr
sowie nach Vereinbarung

Cornelius Ude
Zahnarzt

Mo–Fr 8.00–12.30 Uhr
Di–Do 14.00–18.00 Uhr

Dr. med. Marie Bäcker
Augenärztin

Montag – Donnerstag 13–20 Uhr
und nach Vereinbarung

Dr. Barbara Siebenhaar
FRAUENÄRZTIN

Montag bis Freitag
8.30–13.00 Uhr

- Wann hat der Kinderarzt am Montag Sprechzeiten?
- Von 9 bis 12 Uhr und von 14 bis 17 Uhr.

Wie komme ich zum Bahnhof?

1 Sprechen und verstehen

a) Was ist richtig? Die Lernenden kreuzen an. CD 2.57

Wohin will der Mann fahren?

b) Die Lernenden variieren den Dialog.

zur — zum — mit der — mit dem

2 ß: den Laut hören und sprechen

Sprechen Sie vor, die Lernenden sprechen nach.

die / eine **Straße**

190 LEKTION 14

3 ß schreiben

Die Lernenden schreiben.

4 Wörter lesen

a) Die Lernenden lesen.

b) Was passt zusammen? Die Lernenden verbinden.

kalt und heiß   schwarz und weiß   groß und klein

Hand und Fuß   Straße und Platz

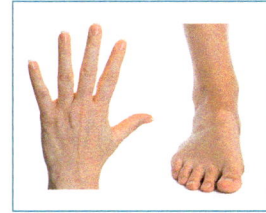    

5 Wörter lernen

a) Sprechen Sie vor, die Lernenden sprechen nach.

b) Wo steigen Sie immer ein/um/aus? Die Lernenden fragen und antworten.

einsteigen

Ich steige immer an der Birkenstraße **ein**.

aussteigen

Ich steige immer an der Verdistraße **aus**.

umsteigen

Ich steige immer am Zoo **um**.

6 Hören und verstehen

a) Wie fahren die Personen? Die Lernenden markieren auf dem Plan. CD 2.58

b) Die Lernenden beschreiben die Wege.

▶ Tipp siehe S. 228

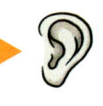

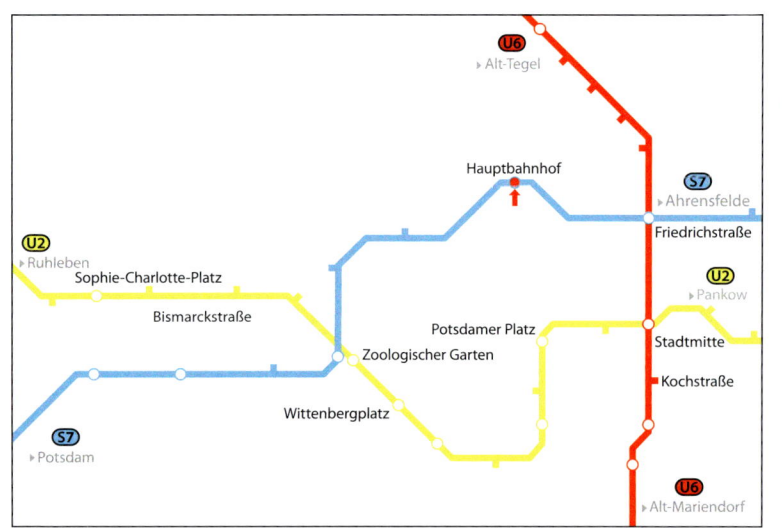

Kochstraße ▶ Hauptbahnhof

Wittenbergplatz ▶ Friedrichstr.

Bismarckstr. ▶ Stadtmitte

192 LEKTION 14

7 Sprechen und verstehen

Wie kommen die Lernenden zum Kurs? Die Lernenden beschreiben ihren Weg.

> Ich gehe fünf Minuten zu Fuß.

> Ich fahre mit dem Bus und muss am Zoo umsteigen.

8 Sätze schreiben

a) Die Lernenden schreiben Sätze.

Ich • mit der U-Bahn • fahre.

Ich • muss • umsteigen • am Bahnhof.

Ich • steige • aus • an der Jordanstraße.

Ich • zu Fuß • dann • gehe • zehn Minuten.

b) Die Lernenden schreiben weitere Sätze auf ein Blatt, zerschneiden sie, tauschen sie im Kurs und legen die Sätze zusammen.

1 Sprechen und verstehen

Die Lernenden variieren den Dialog.

• Wo ist die U-Bahn?
■ Neben dem Krankenhaus.

neben dem
Supermarkt • Café •
Kino • Bahnhof

neben der
Post • Schule •
Apotheke • Polizei

2 Qu: den Laut hören und sprechen

Sprechen Sie vor, die Lernenden sprechen nach.

die eine **Qualle**

194 LEKTION 14

3 **qu schreiben**

Die Lernenden schreiben.

4 **Wörter lesen**

Die Lernenden notieren Silbenbögen und lesen.

Qualm	überqueren	Abend	Qualle	Ohr
Obst	bequem	Quitte	Kopf	Quadrat
quer	Lampe	quälen	Quelle	Quark

5 Wörter lernen

a) Die Lernenden sammeln Wörter zum Bild.

b) Sprechen Sie vor, die Lernenden sprechen nach und zeigen die Orte auf dem Bild.

c) Die Lernenden variieren die Dialoge.

die Bushaltestelle   die U-Bahn-Station
das Krankenhaus   der Parkplatz   die Polizei   die Bank
die Apotheke   der Bahnhof

- Wo ist der Park?
- Vor dem Supermarkt.

- Wo ist das Kino?
- Hinter der Post.

6 Sätze lesen und schreiben

Die Lernenden lesen die Fragen und schreiben Antworten.

Wo ist das Krankenhaus?
Wo ist der Parkplatz?
Wo ist die Apotheke?
Wo ist das Café?

7 Hören und verstehen

Was ist richtig? Die Lernenden kreuzen an. CD 2.59

Wo ist das Kino?

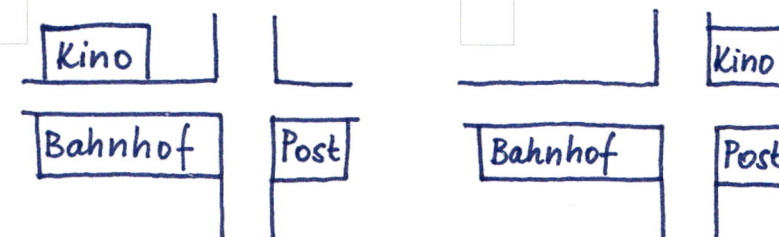

Wann beginnt der Film?

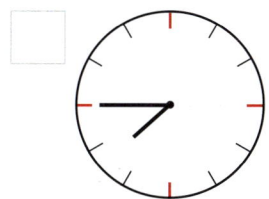 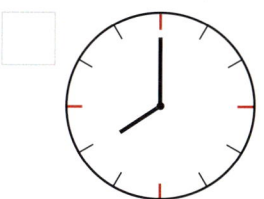 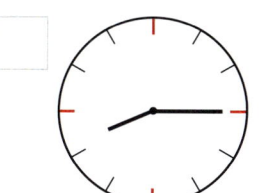

197 LEKTION 14

1 Sprechen und verstehen

a) Wie muss die Frau gehen?
Die Lernenden markieren auf dem Stadtplan. CD 2.60

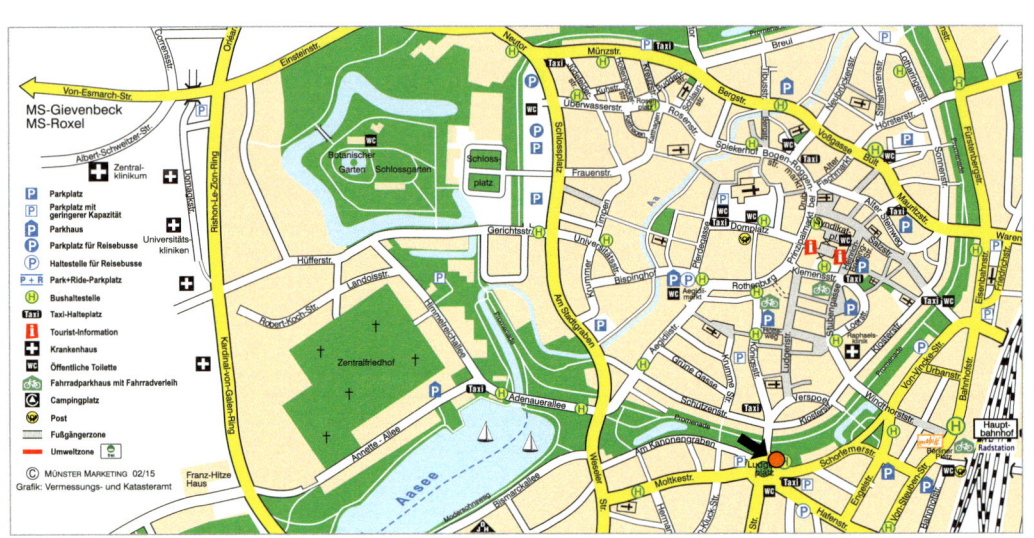

b) Die Lernenden beschreiben den Weg.

c) Die Lernenden variieren den Dialog.

▶ Tipp siehe S. 228

- Entschuldigung, wie komme ich zum Bahnhof?
- Gehen Sie hier die Schorlemerstraße geradeaus, dann weiter geradeaus und die dritte Straße nach rechts.

2 X: den Laut hören und sprechen

Sprechen Sie vor, die Lernenden sprechen nach.

das ein **Taxi**

198 LEKTION 14

3 x und X schreiben

Die Lernenden schreiben.

4 Wörter lesen

a) Die Lernenden lesen.

b) Was passt zusammen? Die Lernenden verbinden.

Fax  Arztpraxis  Teufel 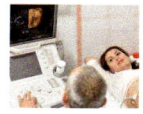 Alexandra

Bus  Hexe  Taxi

Krankenhaus 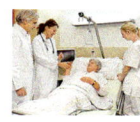 Telefon Alexis

5 Wörter lernen

a) Sprechen Sie vor, die Lernenden sprechen nach.

die Ampel   die Kreuzung   die Ecke   geradeaus   nach links   nach rechts

b) Die Lernenden beschreiben die Wege.

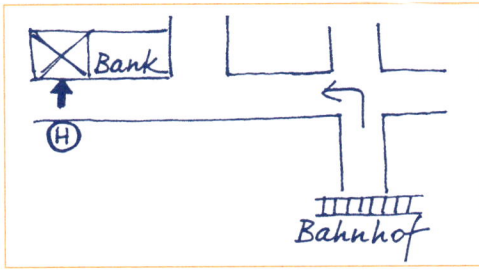

geradeaus • bis zur Kreuzung • dann nach links • neben der Bank ist das Haus

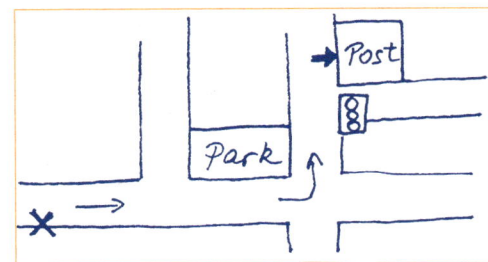

nach rechts • geradeaus • die zweite Straße nach links • bis zur Kreuzung • neben der Ampel ist die Post

6 Hören und verstehen

Wohin geht Rita? Die Lernenden markieren auf Seite 198. **CD 2.61**

7 Lesen und verstehen

Wo enden die Wörter und Sätze? Die Lernenden lesen und markieren.

GehenSiegeradeausDannmüssenSie nachlinksDannbiszurKreuzungunddortnach rechtsDannsehenSierechtsdieApotheke.

8 Sätze schreiben

Die Lernenden schreiben.

↑ Gehen Sie

↱ Dann gehen Sie

9 Sprechen und verstehen

a) Die Lernenden suchen den Weg.

b) Die Lernenden vergleichen und beschreiben den Weg.

1 Sprechen und verstehen

Die Lernenden lesen und variieren die Dialoge.

- Yvonne, wohin gehst du?
- Zum Zahnarzt. Und du?
- Ich gehe zum Frisör.

- Yvonne, wo bist du?
- Beim Zahnarzt. Und du?
- Zu Hause.

Wohin?    zum   zur   nach Hause
Wo?   beim   bei der   zu Hause

2 Y: den Laut hören und sprechen

Sprechen Sie vor, die Lernenden sprechen nach.

das / ein **Hand y**

die / eine **Y**acht   das / ein **X y**lofon

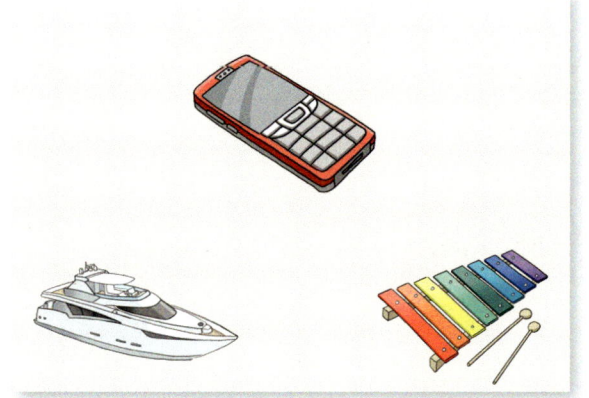

202 LEKTION 14

3 y und Y schreiben

Die Lernenden schreiben.

y Y *y* *Y*

4 Wörter lesen

a) Die Lernenden lesen.

b) Welche Wörter passen? Die Lernenden schreiben.

Handy Yacht Hobby Party System
Yin und Yan City Baby Xylofon Yvonne

203 LEKTION 14

A	B	C	D	E	F	G	H	I	J	K	L	M	N	O	P	Qu	R	S	T
a	b	c	d	e	f	g	h	i	j	k	l	m	n	o	p	qu	r	s	t

5 Wörter lernen

a) Sprechen Sie vor, die Lernenden sprechen nach.

b) Was kann man dort kaufen? Die Lernenden sammeln.

der Bäcker

der Metzger

der Obst- und Gemüseladen

der Spielzeugladen

der Drogeriemarkt

der Frisör

6 Hören und verstehen

a) Wo ist Rolf? Wohin geht er? Die Lernenden fragen und antworten.

b) Wo ist Rolf? Die Lernenden kreuzen an. CD 2.62

c) Wo ist Rolf? Wohin geht er? Die Lernenden schreiben.

Wo ist Rolf?
Wohin geht Rolf?

204 LEKTION 14

7 Sätze lesen und schreiben

a) Die Lernenden lesen.

- Rita braucht Wurst und Fleisch. Sie muss auch noch Seife kaufen.
- Ihre Tochter hat bald Geburtstag und Rita braucht ein Geschenk.
- Ritas Haare sind zu lang.

b) Wohin muss Rita gehen? Die Lernenden schreiben.

Rita muss zum

8 Würfelspiel

Die Lernenden würfeln, fragen und antworten.

Wohin gehst du?   Wo bist du?

 zum Bäcker ♦ beim Bäcker   zur Apotheke ♦ bei der Apotheke

 zum Arzt ♦ beim Arzt   zur Post ♦ bei der Post

 zur Bank ♦ bei der Bank   zum Metzger ♦ beim Metzger

Buchstaben – Laute – Silben

1 Sprechen und verstehen

a) Was ist das? Die Lernenden erklären.

b) Was kann man dort machen? Die Lernenden fragen und antworten.

- Was kann man da machen?
- Man kann mit der U-Bahn fahren.

2 Stadtplan lesen

Die Lernenden suchen im Stadtplan ihrer Stadt die in Aufgabe 1 dargestellten Orte.

- Wo ist die U-Bahn-Station?
- Hier, in der Schillerstraße.

3 Wörter lesen und verstehen

a) Die Lernenden lesen.
b) Die Lernenden notieren Silbenbögen.
c) Welche Wörter passen zu den Bildern in Aufgabe 1?

Bahnhof	Flughafen	überqueren	U-Bahn	Apotheke
Parkplatz	Handy	Arztpraxis	Ausgang	Taxi
Weinstraße	Post	Haltestelle	bequem	Sparkasse

U	V	W	X	Y	Z	Ä	Ö	Ü	Ei		Au	Eu	Äu	Ch	Sch	St	Sp		
u	v	w	x	y	z	ä	ö	ü	ei	ie	au	eu	äu	ch	sch	st	sp	ck	ß

4 Lesen und verstehen

a) Die Lernenden ordnen den Dialog.

b) Die Lernenden spielen den Dialog nach.

- ☐ Ja, gern.
- ☐ Ich bin im Supermarkt. Und du?
- 1 Hallo, Gustav! Wo bist du?
- ☐ Aha. Gehen wir heute ins Kino?
- ☐ Ich bin zu Hause. Ich muss aber zur Apotheke gehen.

5 Sätze schreiben

a) Die Lernenden erzählen.

b) Die Lernenden schreiben eine Geschichte in ihr Heft.

Station 7

1 Hören und verstehen

a) Wohin möchte Herr Yilmaz gehen? Die Lernenden kreuzen an. CD 2.63

☐ zur U-Bahn   ☐ zum Arzt

b) Was ist richtig? Die Lernenden kreuzen an. CD 2.63

Wann ist der Termin?

☐ 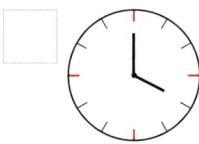   ☐    ☐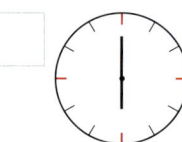

Wie kommt er zur Arztpraxis?

☐    ☐ 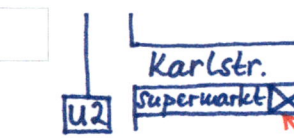   ☐

2 Eine Notiz schreiben

Wann und wo hat Herr Yilmaz den Termin? Die Lernenden ergänzen die Notiz. CD 2.63

Termin:

Adresse:

3 So funktioniert es

a) Die Lernenden lesen und variieren die Dialoge.

- Nele, du musst aufstehen.
- Aber ich will schlafen.

- Wir wollen zum Zoo fahren. Ist es weit?
- Ja, Sie müssen mit der U-Bahn fahren.

b) Die Lernenden schreiben in ihr Heft.

Was müssen Sie heute machen? Was wollen Sie machen?

	müssen			wollen	
ich	muss		ich	will	
du	musst	aufstehen	du	willst	schlafen
er, es, sie	muss		er, es, sie	will	
wir	müssen		wir	wollen	
sie, Sie	müssen		sie, Sie	wollen	

Bildkarten
Im Kursraum

Im Supermarkt

Auf dem Markt

Im Café

Der Mensch

In der Wohnung

Kleidung

Laute und Buchstaben

a A *a A* 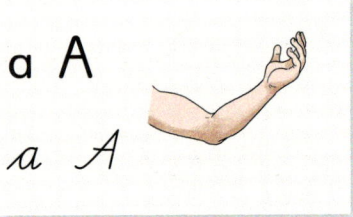	e E *e E* 	i I *i J* 	o O *o O* 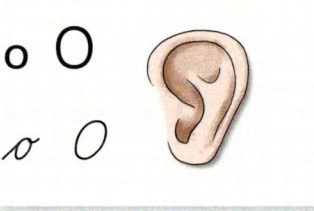	u U *u U* 
m M *m M* 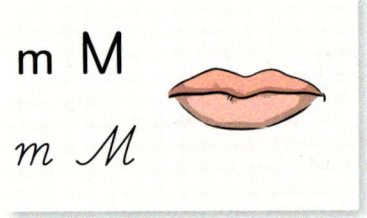	n N *n N* 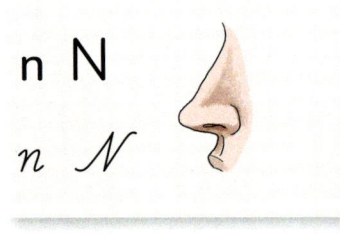	s S *s S* 	z Z *z Z* 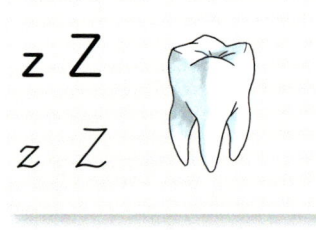	l L *l L* 
b B *b B* 	p P *p P* 	d D *d D* 	t T *t T* 	r R *r R* 
g G *g G* 	k K *k K* 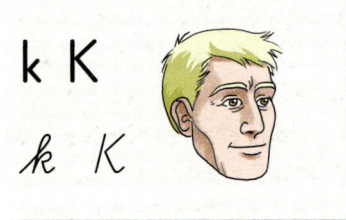	w W *w W* 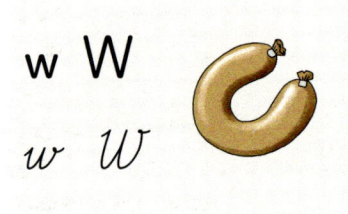	f F *f F* 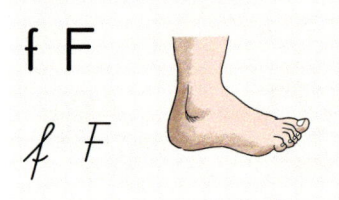	v V *v V* 

ä Ä *ä Ä* 	ö Ö *ö Ö* 	ü Ü *ü Ü* 	au Au *au Au* 	j J *j J* 
ei Ei *ei Ei* 	ie *ie* 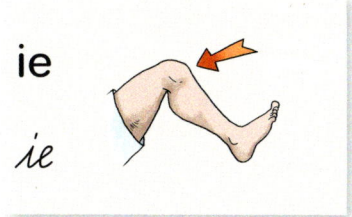	eu Eu *eu Eu* 	äu Äu *äu Äu* 	qu Qu *qu Qu* 
h H *h H* 	sch Sch *sch Sch* 	st St *st St* 	sp Sp *sp Sp* 	x X *x X* 
c C *c C* 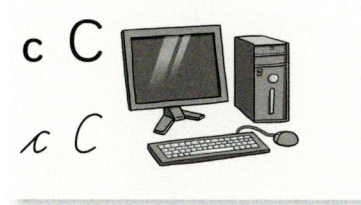	ch Ch *ch Ch* 	ck *ck* 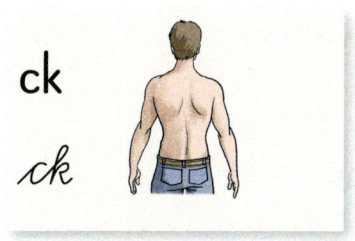	y Y *y Y* 	ß *ß* 

Das Wichtigste auf einen Blick

ALPHAPLUS Basiskurs Alphabetisierung setzt das Konzept für bundesweite Alphabetisierungskurse um. Das Lehrwerk enthält 14 Lektionen und 7 Stationen.

Jede **Lektion** besteht aus drei kleineren in sich geschlossenen Einheiten, in denen je ein Buchstabe mit dem entsprechenden Laut eingeführt wird. Der Aufbau der Einheiten folgt einer klaren Struktur: Am Anfang steht jeweils eine kommunikative Aufgabe. Kurze alltagsrelevante Dialoge entwickeln die mündliche Sprachkompetenz in kleinen Schritten. Diese Dialoge sind meist in grauer Schrift abgedruckt, denn sie können von den Lernern zunächst nicht gelesen werden.

Die Buchstaben und Buchstabengruppen werden zusammen mit den dazugehörigen Lauten eingeführt. Anhand von abwechslungsreichen Übungen werden die Schreibweise der Buchstaben und die Aussprache der Laute trainiert. Die Lernenden werden behutsam von der Laut- und Buchstabenebene an die Silben-, Wort-, Satz- und Textebene herangeführt. Das selbstständige Lesen wird vorbereitet und eingeübt, die Schreibkompetenz mit verschiedenen Übungen entwickelt. Das vielfältige Übungsangebot unterstützt binnendifferenzierendes Arbeiten im Unterricht. Jede Einheit führt neuen Wortschatz ein, der in Bezug zum jeweiligen Buchstaben und/oder der Thematik der Einheit steht. Die schon vorhandenen Kenntnisse der Lernenden werden hier aufgegriffen, wiederholt und bei Interesse vertieft.

Die Randspalten enthalten die Arbeitsanweisungen sowie kurze Hinweise zu Unterrichtsabläufen.

Am Ende jeder Lektion folgt die Doppelseite „**Buchstaben – Laute – Silben**", die die Inhalte der ganzen Lektion zusammenfasst, wiederholt und vertieft sowie die Synthesefähigkeit – die Verbindung von Einzellauten zu Silben und Wörtern – trainiert.

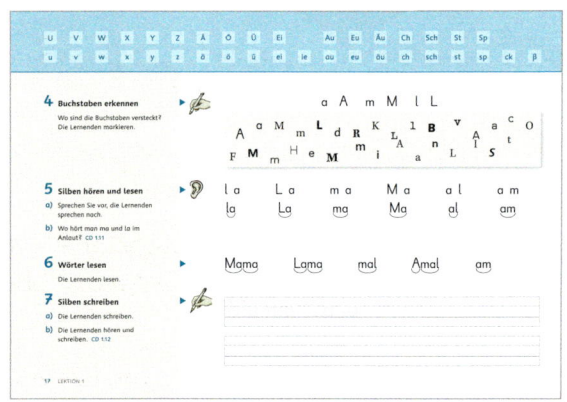

Nach jeweils zwei Lektionen gibt es eine **Station**. Die Stationen dienen einerseits zur nochmaligen, oft spielerischen Wiederholung des Lernstoffes. Darüber hinaus wird hier jeweils eine wichtige, in den vorangehenden Lektionen thematisierte Grammatikstruktur bewusst gemacht und geübt.

Der Anhang umfasst **Bildkarten** zur Wiederholung und Vertiefung wichtiger Wortfelder sowie eine **Buchstaben- und Lautübersicht**.

Am Ende des Lehrwerks finden Lehrende zudem **Tipps** für weitere Kursaktivitäten sowie auch **Projektvorschläge**. Verweise in den Randspalten der Lektionen und Stationen führen schnell zu den passenden Vorschlägen.

Alle **Hörtexte und Phonetikübungen** finden Sie als **kostenlosen Download** (mp3-Format) unter: www.cornelsen.de/alphaplus.

Das ALPHAPLUS Übungsheft Alphabetisierung bietet zahlreiche Übungen und Erweiterungen für einen abwechslungsreichen Unterricht zum Lesen- und Schreibenlernen. Es eignet sich gut, um in heterogenen Kursen passende Angebote für verschiedene Lernausgangslagen einzubringen. Das Übungsheft folgt der Progression des Lehrwerks und ist entsprechend den Lektionen gegliedert. Jede zweite Übungsheft-Einheit beinhaltet einen Test zur selbstständigen Überprüfung des Lernstands. Am Ende jeder Übungsheft-Einheit finden die Lernenden eine Übersicht zum Lernwortschatz. Semantisch bekannte Wörter, die jedoch noch nicht vollständig gelesen bzw. geschrieben werden können, sind hier mit Illustrationen aufgeführt.

Weitere Zusatzmaterialien zu ALPHAPLUS Basiskurs Alphabetisierung:
Die **Handreichungen für den Unterricht** bieten neben einer ausführlichen Einführung in das Konzept weitere Tipps für den Unterricht, Vorschläge für Differenzierungsmöglichkeiten sowie Kopiervorlagen.

Im **Lernportfolio** können die Lernenden ihren Lernfortschritt dokumentieren und eigene Arbeiten sammeln.

In den **Bild- und Wortkarten** finden Lehrende eine Vielzahl thematisch geordneter Bild- und Wortkarten sowie zahlreiche Vorschläge für den Einsatz der Karten im Unterricht.

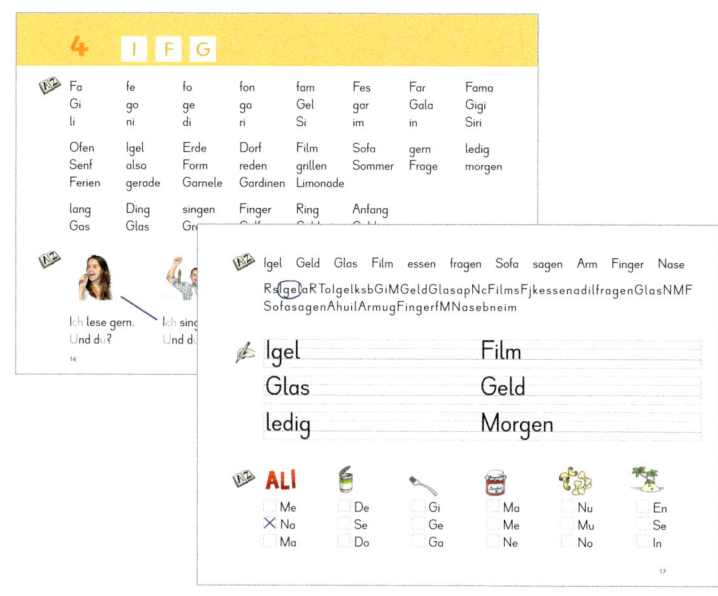

Mit dem **Bildwörterbuch** können die Lernenden gezielt Wortschatz wiederholen und erweitern und gleichzeitig ihre Lese- und Schreibkompetenz trainieren und verbessern.

Im **Internetservice** unter www.cornelsen.de/alphaplus finden Sie Buchstaben-, Wort- und Bildkarten, eine Übersicht mit dem Alphabet (in Druck- und Schreibschrift), Zahlenkarten von 1 bis 1000 sowie weitere Kopiervorlagen und Übungsmaterialien.

Viel Spaß und Erfolg mit ALPHAPLUS Basiskurs Alphabetisierung wünschen Autoren und Verlag

Tipps und Projekte

Guten Tag!

Tipp zu S. 7, Aufg. 8: Arbeitsblätter mit weiteren Übungen zur Feinmotorik finden Sie unter: www.cornelsen.de/alphaplus.

Tipp zu S. 8, Aufg. 2 b: Kopieren Sie die entsprechende Buchstabenkarte von Seite 216 – wenn möglich etwas vergrößert – und hängen Sie sie im Kursraum auf. Bei jedem neuen Buchstaben wird die entsprechende Buchstabenkarte dazugehängt. So haben die Kursteilnehmer und Kursteilnehmerinnen (KT) jederzeit die Buchstaben vor Augen, die bekannt sind, und Sie können die Karten zur Wiederholung verwenden.

Tipp zu S. 15, Aufg. 10: Bringen Sie eine Karte von Deutschland bzw. Österreich oder der Schweiz mit. Besprechen Sie im Kurs: Wo liegt die Stadt, in der die KT wohnen? Wie grüßt man dort? Welche Städte kennen die KT noch?

Woher kommen Sie?

Tipp zu S. 18, Aufg. 1 c: Bringen Sie eine Weltkarte in den Unterricht mit. Zeigen Sie die Heimatländer der KT. Bei Interesse der KT können Sie die Kontinente zeigen und erklären. Besprechen Sie anschließend: Wo liegt die Stadt, in der die KT wohnen? Bringen Sie dazu eine Deutschlandkarte mit.

Tipp zu S. 20, Aufg. 6: Bringen Sie Ausschnitte aus Zeitungen, Zeitschriften, Prospekten und Katalogen in den Unterricht mit. Die KT schneiden Wörter aus, die die bekannten Buchstaben „a/A", „m/M", „l/L" und „e/E" enthalten, und markieren diese Buchstaben. Die ausgeschnittenen Wörter kleben die KT auf ein Plakat und hängen es im Kursraum an die Wand. So können Sie später auch mit weiteren neuen Buchstaben verfahren.

Tipp zu S. 25, Aufg. 7: Fertigen Sie mit den KT für alle Lernwörter (hier z. B. der Zucker, das Wasser, der Saft, der Käse, der Reis) Lernkarten an. Die KT schneiden aus Katalogen, Prospekten oder den Bildkarten zu Alphaplus passende Abbildungen aus oder zeichnen einfache Skizzen zu den Wörtern. Die Abbildungen kleben sie auf die Lernkarten. Die KT schreiben dazu – mit Ihrer Unterstützung – die entsprechenden Wörter. Hängen Sie die neuen Lernkarten an die Wand und lassen Sie sie von den KT immer wieder neu ordnen und sortieren (z. B. nach Genus, nach Anlaut, zu bestimmten Oberbegriffen usw.). Erweitern Sie die Lernkartei regelmäßig mit den KT.

Station 1

Tipp zu S. 32, Aufg. 1: Die KT arbeiten zu zweit. Jedes Paar erhält einen Kartensatz. Pro Kartensatz gibt es 12 Karten: je eine Wortkarte mit einem Wort, das mit „a/A", „m/M", „l/L", „e/E", „s/S" und „r/R" beginnt, und dazu die entsprechenden Bildkarten (z. B. Bilder und Wörter von S. 18, S. 22, S. 26, S. 30). Die KT ordnen die Wortkarten den Bildkarten zu. Anschließend tauschen die Paare die Kartensätze.

Was machen Sie?

Tipp zu S. 38, Aufg. 1 c: Um die Satzstrukturen zu üben und gleichzeitig das Verständnis von Wortgrenzen zu schulen, können Sie mit Karten arbeiten. Sprechen Sie einen Satz langsam vor (z. B. „Sind Sie verheiratet?"). Sprechen Sie jedes Wort einzeln und legen Sie für jedes Wort eine unbeschriebene Karte.

Tipp zu S. 40, Aufg. 5: Die KT nennen Namen oder Wörter aus ihrer Herkunftssprache, die mit [n] beginnen. Falls sie dazu noch nicht in der Lage sind, suchen Sie entsprechende Wörter in Wörterbüchern der Herkunftssprachen, z. B. [nehir] (türkisch für „Fluss"), [nar] (arabisch für „Feuer"). In den Handreichungen für den Unterricht finden Sie eine Übersicht mit türkischen und arabischen Wörtern (in lateinischer Schrift). Unter www.cornelsen.de/alphaplus finden Sie das Poster „Laute und Buchstaben" mit Bildern zu deutschen und arabischen Wörtern und den jeweiligen Anlauten.

Tipp zu S. 45, Aufg. 7 c: Legen Sie jedem KT die Bildkarte eines bekannten Wortes auf den Platz. Auf den Karten sollten der Artikel und das Pronomen farbig notiert sein („der/er" = blau, „das/es" = grün, „die/sie" = rot). Fragen Sie dann nach den auf den Bildkarten abgebildeten Gegenständen, z. B.: „Wo ist das Buch?" Der KT, der die Bildkarte „Buch" hat, antwortet: „Es ist hier." usw.

Tipp zu S. 47, Aufg. 4 c: Sprechen Sie Ihren Namen silbisch, z. B. „Hel-ga Schu-mann". Die Lerner nennen ihren Vor- oder Familiennamen und segmentieren ihn ebenfalls silbisch.

Tipp zu S. 47, Aufg. 5: Bringen Sie Bildkarten mit den bisher gelernten Wörtern in den Kurs mit (pro Arbeitsgruppe einen Kartensatz). Die KT arbeiten in kleinen Gruppen. Jede Gruppe bekommt einen Kartensatz und ordnet die Karten nach Anlaut oder Auslaut. Die Gruppen tauschen anschließend die Plätze und überprüfen die Lösung einer anderen Gruppe.

Was machen Sie gern?

Tipp zu S. 50, Aufg. 7 c: Bringen Sie Würfel in den Unterricht mit und führen Sie die Zahl 6 ein. Die KT arbeiten in kleinen Gruppen: Sie würfeln und nennen die gewürfelte Augenzahl. Die KT arbeiten zu zweit: Ein KT würfelt verdeckt und nennt die Augenzahl. Der andere KT notiert die Zahl. Anschließend werden geschriebene Zahl und Augenzahl des Würfels verglichen.

Tipp zu S. 51, Aufg. 8 b:	Die Lerner fertigen Wortkarten zum Thema „Das mache ich gern" an. Sie notieren mit Ihrer Hilfe die Aktivitäten, die sie in ihrer Freizeit gerne ausüben, und erweitern damit ihren mündlichen Wortschatz über die im Buch angegebenen Beispiele hinaus.
Tipp zu S. 60, Aufg. 1 b:	Zur Erweiterung des Wortfelds können Sie die Bildkarte „Im Café" auf S. 212 verwenden. Was sieht man? Was machen die Leute? Was sagen sie?

Station 2:

Tipp zu S. 63, Aufg. 4 b:	Die KT spielen Bingo. Die KT notieren Zahlen von 1 bis 10 (in gemischter Reihenfolge). Diktieren Sie dann Zahlen von 1 bis 10. Die KT streichen die gehörten Zahlen durch. Wer als Erster fünf Zahlen durchstreichen konnte, hat gewonnen.
Tipp zu S. 63, Aufg. 5 b:	Arbeit in Partnerarbeit: Ein KT zeichnet einen bekannten Gegenstand (Lernwortschatz) mit einzelnen Strichen. Der andere KT rät, was es ist. Z. B.: KT 1: „Ist das ein Glas?" KT 2: „Nein, das ist kein Glas." KT 1: „Das ist eine Tasse." KT 2: „Ja, das ist eine Tasse."

Wo wohnen Sie?

Tipp zu S. 64, Aufg. 1 b:	Die KT bilden kleine Gruppen und spielen das Mein-Dein-Spiel: Auf dem Tisch werden verschiedene Gegenstände von den KT gesammelt – von jedem KT mindestens zwei. Ein KT nimmt einen Gegenstand und fragt seinen Nachbarn: „Ist das dein Stift?". Der andere KT antwortet wahrheitsgemäß: „Ja, das ist mein Stift" oder „Nein, das ist nicht mein Stift. Das ist sein/ihr Stift" und zeigt auf den entsprechenden KT.
Tipp zu S. 71, Aufg. 7 b:	Spielen Sie mit den KT „Ich sehe was, was Sie nicht sehen". Sie suchen sich einen Gegenstand im Kursraum aus, nennen ihn aber nicht, sondern nur seine Farbe (z. B. „Ich sehe was, was Sie nicht sehen, und das ist rot."). Die KT müssen den Gegenstand raten. Dann gibt ein KT eine neue Farbe vor etc.
Tipp zu S. 71, Aufg. 9:	Die KT arbeiten in kleinen Gruppen. Schreiben Sie die Silben „ba", „mu" und „na" an die Tafel. Die KT sammeln und schreiben Wörter, die mit diesen Silben anfangen. Helfen Sie ggf. bei unbekannten Buchstaben. Beispiele: „ba": Bahnhof – Banane; „mu": „Musik"; „na": „Name – Nase" usw.
Tipp zu S. 74, Aufg. 6:	Bringen Sie Spielgeld in den Unterricht mit. Die KT arbeiten zu zweit und suchen die entsprechende Anzahl von Münzen: Wie viele 1-Euro-Münzen entsprechen einem 5-Euro-/10-Euro-Schein? Wie viele 2-Euro-Münzen entsprechen einem 10-Euro-Schein etc.?
	Spielen Sie kleine Café- oder Einkaufssituationen, z. B.: Ein KT nennt ein Getränk und eine Speise oder ein zweites Getränk von der Karte auf S. 62, ein anderer KT (Kellner) nennt den Preis.

Tipp zu S. 77, Aufg. 4 b: Fertigen Sie fünf Stapel Silbenkärtchen an für folgende zweisilbigen Wörter:
1. Nase, Salat, Gabel, Lampe, Messer
2. Dose, Esel, Regen, Nummer, Nudeln
3. Teller, Mantel, Abend, Laden, Butter
4. Igel, Sonne, Sessel, Name, Tafel
Bilden Sie vier Arbeitsgruppen. Jede Arbeitsgruppe bekommt einen Stapel mit zehn Silbenkärtchen und bildet damit Wörter. Ggf. können Sie zur Unterstützung einige passende Bildkarten zur Verfügung stellen. Anschließend werden die Silbenkärtchen anderen Arbeitsgruppen zur Verfügung gestellt.
Für Fortgeschrittene können Sie zwei Kartensätze Silbenkärtchen für dreisilbige Wörter anfertigen:
1. Tomate, Salami, Elefant, Paprika
2. Radio, Adresse, Banane, Internet

Wann haben Sie Zeit?

Tipp zu S. 78, Aufg. 1 b: Die KT arbeiten in Gruppen. Kopieren Sie für jede Gruppe die Tageszeiten-Bilder aus dem Lehrbuch sowie einige Bildkarten mit Tätigkeiten. Die KT bringen die Tageszeiten-Bilder in die richtige Reihenfolge, kleben sie kreisförmig auf ein großes Blatt Papier und schreiben die Wörter aus dem Lehrbuch unter die entsprechenden Bilder. Dann ordnen sie die Tätigkeitskarten den Tageszeiten zu und kleben sie dazu. Anschließend fragen sich die KT gegenseitig und antworten, z. B.: „Wann gehen Sie/gehst du spazieren?" – „Am Nachmittag."

Tipp zu S. 84, Aufg. 6 b: Die KT spielen kleine Einkaufssituationen. Dafür können Sie Bildkärtchen von bekannten Wörtern mitbringen. Die KT notieren zu jeder Bildkarte einen Preis. Dann spielen sie kleine Dialoge.

Tipp zu S. 88, Aufg. 6 b: Zur Übung der Zehnerschritte bis 100 und zur Wiederholung aller bisher bekannten Zahlen können Sie mit Zahlenkarten arbeiten. Verteilen Sie verschiedene Zahlenkarten (1-20 bzw. Zehnerschritte bis 100), die KT stellen sich in der richtigen Reihenfolge auf und sagen, welche Zahlen in der Reihe fehlen.

Tipp zu S. 89, Aufg. 8 b: Laufdiktat: Legen Sie ausgewählte Wort- und Bildkarten auf ein Fensterbrett oder auf einen Tisch. Die KT gehen dorthin, lesen ein Wort, gehen zu ihrem Tisch und schreiben das Wort in ihr Heft. So fahren sie fort, bis sie alle Wörter notiert haben. Zum Schluss vergleichen sie ihre Wörter im Heft mit den Wortkarten.

Haben Sie Zeit?

Tipp zu S. 97, Aufg. 10: Spielen Sie mit den KT „Ich sehe was, was Sie nicht sehen". Legen Sie Bildkarten von bekannten Wörtern aus. Sie suchen sich einen Gegenstand aus den Bildkarten aus, nennen ihn aber nicht, sondern nur seine Farbe: „Ich sehe was, was Sie nicht sehen, und das ist rot." Die KT müssen den Gegenstand raten. Dann gibt ein KT eine neue Farbe vor etc.

Tipp zu S. 97, Aufg. 10:	Bringen Sie Bildkarten mit Gegenständen aus dem Kursraum mit und legen Sie sie offen auf den Tisch. Ein KT wählt in Gedanken eine Bildkarte aus und beschreibt den abgebildeten Gegenstand mit einfachen Sätzen, ohne den Gegenstand zu nennen. Der KT, der den Gegenstand errät, bekommt die Bildkarte.
Tipp zu S. 100, Aufg. 6 b:	Der KL verteilt gemischt Karten mit den Zahlen von 20 bis 100 im Kurs. Jeder KT hat also mehrere Zettel. Der KT mit der Zahl 20 steht auf und sagt die Zahl. Dann steht der KT auf, der die Karte mit der folgenden Zahl (also 21) hat und sagt sie laut. So fahren die KT fort bis zur Zahl 100. Variante: Ein KT steht auf und sagt laut seine Zahl, die beiden, die den Vorgänger und den Nachfolger haben, stehen auch auf und nennen ihre Zahl.
Tipp zu S. 106, Aufg. 1:	Bringen Sie mehrere Kopien des Abfahrtsplans einer Bushaltestelle mit – möglichst von einer Haltestelle nahe des Kursortes. Die KT arbeiten in Kleingruppen. Jede Gruppe bekommt ca. zehn Karten, auf denen Uhrzeiten notiert sind. Ein KT zieht eine Karte und nennt die Uhrzeit, z. B.: „Es ist 13:27 Uhr." Dann fragt er: „Wann fährt der nächste Bus?" Die anderen KT suchen gemeinsam nach dem nächsten Bus und antworten, z. B.: „Der nächste Bus fährt um 13:32 Uhr."

Wann sind Sie geboren?

Tipp zu S. 108, Aufg. 1 b:	Die KT können Fotos von den eigenen Kindern / der eigenen Familie zeigen und sich gegenseitig befragen.
Tipp zu S. 115, Aufg. 9 b:	Die KT lernen das Lied „Zum Geburtstag viel Glück" und machen ein Plakat mit Wörtern zum Thema „Geburtstag feiern". Legen Sie Wortkarten mit verschiedenen Wörtern aus, von denen ca. die Hälfte zum Thema „Geburtstag" passt. Die KT wählen in Gruppenarbeit die Wortkarten aus, die zum Thema „Geburtstag" passen (z. B. „singen", „tanzen", „essen", „trinken", „feiern") und notieren sie auf einem Plakat. Die KT zeichnen auf das Plakat weitere Dinge, die zum Thema passen, z. B „eine Torte", „ein Geschenk" oder „Blumen".
Tipp zu S. 119, Aufg. 7:	Bereiten Sie Karten mit Fragen und Karten mit dazu passenden Antworten vor, z. B.: „Wann sind Sie geboren?" – „Wie ist Ihre Adresse?" – „Sind Sie verheiratet?" – „Haben Sie Kinder?" – „Woher kommen Sie?" – „Was arbeiten Sie?" Jeder KT erhält (gemischt) eine Frage und eine Antwort. KT 1 beginnt und liest seine Frage vor, z. B.: „Wie alt sind Sie?" Der KT mit der dazu passenden Antwort steht auf und liest die Antwort laut vor, z. B.: „Ich bin 38 Jahre alt." Dann liest er seine Frage vor etc.
Tipp zu S. 121, Aufg. 4:	Die KT schreiben analog zu dem Lesetext kurze Sätze zur eigenen Person und lesen sie laut vor.

Station 4

Tipp zu S. 122, Aufg. 4: Die KT wiederholen in Kleingruppen den Wortschatz zum Thema „Zeit". Jede Gruppe bekommt Wortkarten mit verschiedenen Wörtern zum Thema „Zeit". Die KT ordnen die Wortkarten den Oberbegriffen „Uhrzeit", „Tageszeit", „Jahreszeit", „Wochentage" und „Monate" zu. Die Gruppen kontrollieren anschließend die Zuordnung einer anderen Gruppe.

Was darf es sein?

Tipp zu S. 126, Aufg. 6 b: Die KT spielen „Ich sehe was, was Sie nicht sehen". Arbeiten Sie entweder mit dem Wortigel, den Sie in Aufgabe 6 b erstellt haben, oder mit Bildkarten oder Wortkarten von bekannten Lebensmitteln. Wählen Sie in Gedanken ein Lebensmittel aus, z. B. „Apfel", und sagen Sie laut: „Ich sehe was, was Sie nicht sehen und das fängt mit A an." Die KT sagen, welches Wort bzw. welche Karte es ist. Dann fährt ein KT fort mit „Ich sehe was, …".

Tipp zu S. 127, Aufg. 9: Die Lerner fertigen Wortkarten zum Thema „Lebensmittel" an. Sie notieren mit Ihrer Hilfe Lebensmittel, die in ihrem Alltag für sie wichtig sind und erweitern damit ihren mündlichen Wortschatz über die im Buch angegebenen Wörter hinaus.

Tipp zu S. 130, Aufg. 7 b: Die KT führen in Partnerarbeit mündliche Verkaufsdialoge. Dabei können auch Rechenaufgaben gelöst werden: Wenn der Käufer einen Geldschein gibt – wieviel Geld bekommt er zurück? Reicht das vorhandene Geld, um eine Ware zu erwerben? Für die Rollenspiele können Sie auch Bildkarten mit Preisen verwenden.

Tipp zu S. 131, Aufg. 9 e: Bringen Sie Prospekte eines Lebensmittelmarktes mit. Die KT arbeiten in Gruppen. Jede Gruppe bekommt einen Einkaufszettel. Die TK suchen die Lebensmittel, die sie einkaufen sollen, und notieren auf dem Einkaufszettel die Preise. Dann fertigen sie zu ihrem Einkaufzettel eine Collage an und notieren nach Möglichkeit auch, wie viel sie am Ende bezahlen müssen.
Variante: Die KT suchen verschiedene Supermärkte auf und bringen Prospekte mit. Sie recherchieren in Gruppen, was einzelne Lebensmittel in den verschiedenen Märkten kosten und machen eine Collage, z. B.: Wo kostet ein Liter Milch am wenigsten, wo am meisten?

Tipp zu S. 135, Aufg. 9: Die KT arbeiten zu zweit. Jedes Paar bekommt sechs bis neun Wortkarten / Bildkarten mit Möbelstücken. Die KT ordnen die Karten nach Genus („der", „das", „die"). Dann zieht ein KT eine Wortkarte / Bildkarte und die KT variieren den Dialog mit dem entsprechenden Wort. Dann zieht der andere KT eine Karte usw.

Tipp zu S. 136, Aufg. 1: Schreiben Sie Oberbegriffe an die Tafel: „Obst und Gemüse", „Fleisch", „Milchprodukte", „Getränke", „Süßigkeiten", „Backwaren". Die KT bilden Gruppen, jede Gruppe wählt einen Oberbegriff, sammelt passende Vokabeln und macht dazu ein Plakat.

Tipp zu S. 137, Aufg. 5:	Die KT sammeln und schreiben Wortpaare mit Lebensmitteln mit demselben Anlaut (z. B.: „Fisch und Fleisch", „Brot und Brötchen", „Wurst und Wein", „Salat und Salami", „Käse und Kiwi" usw.). Anschließend führen sie mit den Wortpaaren Einkaufsdialoge.

Was machen Sie jeden Tag?

Tipp zu S. 140, Aufg. 6 b:	Kettenübung: Die KT sitzen im Kreis um einen Tisch herum. Auf dem Tisch liegen zwei Stapel mit Karten, einer mit Bildkarten verschiedener Freizeit- und Alltagsaktivitäten, ein zweiter mit Smiley-Karten, auf denen jeweils ein Adjektiv notiert ist. Ein KT zieht eine Bildkarte und befragt seinen Nachbarn: „Wie finden Sie/Wie findest du …?" Der KT zieht eine Smiley-Karte und antwortet entsprechend, z. B.: „Ich finde … langweilig/toll/…" Dann zieht er eine Aktivitäten-Karte und fragt den nächsten KT.
Tipp zu S. 141, Aufg. 8:	Arbeiten Sie zunächst mit den Sätzen aus Aufgabe 8. Schreiben Sie die Wörter der Sätze einzeln auf Karten und mischen Sie diese. Die KT bringen die Wörter in die richtige Reihenfolge. Erweitern Sie die Aufgabe, indem Sie die Sätze aus Aufgabe 7 auch so bearbeiten lassen.

Station 5

Tipp zur S. 153, Aufg. 4 b:	Schreiben Sie einfache Sätze mit trennbaren Verben auf Karten und zerschneiden Sie die Karten in einzelne Wörter (z. B. Er – aufstehen – muss; Er – nicht – auf – steht). Die TK legen die Karten wieder zu Sätzen zusammen.

Gefällt Ihnen der Mantel?

Tipp zu S. 154, Aufg. 1 b:	Bringen Sie Modekataloge oder -prospekte mit. Die KT variieren den Dialog anhand der Abbildungen im Katalog/Prospekt.
Tipp zu S. 156, Aufg. 5 c:	Bringen Sie Prospekte von Damen- und Herrenbekleidung mit. Die KT wählen Kleidung aus, die sie zu einer Hochzeit oder zu einer Gartenparty kaufen würden. Die KT erstellen eine Einkaufsliste und notieren die Preise.
Tipp zu S. 159, Aufg. 4 b:	Die KT planen einen Ausflug in eine Großstadt oder ans Meer. Sie packen einen Koffer. Was nehmen sie mit? Sie fertigen eine Liste an.
Tipp zu S. 162, Aufg. 1:	Die KT bekommen die Hausaufgabe, in ein Kaufhaus zu gehen und zu notieren, was in welcher Etage angeboten wird.

Wie gefällt Ihnen die Wohnung?

Tipp zu S. 166, Aufg. 6: Bringen Sie zwei bis drei verschiedene Wohnungsanzeigen (Zeitungsanzeige, Internetangebot, Aushang) mit und besprechen Sie diese mit den KT. Erläutern Sie die Abkürzungen. Erarbeiten Sie mit den KT Fragen zu den einzelnen Angaben in den Anzeigen, z. B.: „Wo ist die Wohnung?" „Wie groß ist die Wohnung?" „Hat die Wohnung einen Balkon?" „Wie viele Zimmer hat die Wohnung?" „Wie viel kostet die Wohnung warm?" Anschließend spielen die KT kleine Dialoge zu den Wohnungsanzeigen oder auch zu ihrer eigenen Wohnung. Sie fragen und antworten.
Als Erweiterung bietet sich an:
– Wohnungsgrundriss mitbringen und erläutern; Wohnungsgrundriss durch die KT selbst zeichnen lassen.
– Anzeigenseiten aus der Zeitung mitbringen: gemeinsam Begriffe wie „Vermietung", „Mietgesuche", „Verkauf", „Ausstattung", „Miete", „Nebenkosten" klären.

Tipp zu S. 170, Aufg. 5c: Bringen Sie Möbelkataloge oder -prospekte mit. Die KT erarbeiten mündlich oder schriftlich anhand der Abbildungen im Katalog/Prospekt einen Dialog wie auf Seite 168 und spielen diesen vor.

Tipp zu S. 171, Aufg. 7: Die KT fertigen eine Collage aus Bildern und Sätzen mit dem Titel „Meine Traumwohnung" an.

Was tut Ihnen weh?

Tipp zu S. 178, Aufg. 6d: Die KT ziehen aus einem verdeckten Stapel eine Wortkarte mit einem Körperteil. Fragen Sie dann einzelne KT „Was tut Ihnen weh?" oder „Tut Ihnen der Kopf weh?" Die KT antworten gemäß ihrer Bildkarte, z. B. „Mir tut das Ohr weh." oder „Ich habe Zahnschmerzen." Die anderen KT hören aufmerksam zu und zeigen jeweils das Körperteil, das genannt wird, also z. B. das Ohr.

Tipp zu S. 184, Aufg. 1c: Bereiten Sie Kopien von den Dialogtexten S. 183 Aufg. 9 und S. 184 Aufg. 1 vor. Markieren Sie alle Textteile, die variiert werden können. Zuerst lesen die KT die Dialoge mit verteilten Rollen, dann ersetzen sie die markierten Dialogteile und spielen ihren Dialog vor.

Tipp zu S. 189, Aufg. 5: Arbeit in Kleingruppen: Die KT sehen sich die Praxisschilder auf Seite 189 an. Bereiten Sie folgende Aufgabenkarten vor:
1. „Ihr Sohn hat Zahnschmerzen. Es ist Donnerstag 15:30 Uhr. Wohin können Sie gehen?" Die KT schreiben allein oder in Partnerarbeit einen Satz.
2. „Frau Rifai bekommt ein Baby. Sie braucht einen Arzttermin. Wo ruft sie an?" Die KT schreiben allein oder in Partnerarbeit einen Satz.
3. „Ihr Kind hat Husten. Rufen Sie beim Kinderarzt an und machen Sie einen Termin." Die KT schreiben einen Minidialog.

4. „Sie brauchen eine Brille. Heute ist Donnerstag. Rufen Sie beim Arzt an." Die KT schreiben einen Minidialog und führen diesen im Kurs vor.

Wie komme ich zum Bahnhof?

Tipp zu S. 192, Aufg. 6 b: Bringen Sie einen U-, S-Bahn- oder Bus-Linienplan des Kursorts sowie Prospekte von Sehenswürdigkeiten mit. Wie kommt man vom Kursort zu verschiedenen Zielen? Die KT arbeiten in Kleingruppen, beschreiben die Routen und fertigen ein Plakat an.
Variante: Die KT arbeiten zu zweit mit dem Liniennetzplan und/oder dem Stadtplan des Kursorts: Jedes Paar bekommt eine Karte, auf der der Wohnort eines Freundes notiert ist. Der Freund will die beiden von der Sprachschule abholen und braucht eine Wegbeschreibung. Die KT sollen in einer kurzen Nachricht (SMS) beschreiben, wie er zur Sprachschule kommt.

Tipp zu S. 192, Aufg. 6 b: Bringen Sie einen Ausdruck oder ein Handyfoto eines Haltestellenfahrplans (von einer Bus/U-Bahn-/Straßenbahn-Haltestelle) mit. Jede Gruppe bekommt einen Plan und dazu drei bis fünf Fragen, z.B: „Wohin fährt der Bus Linie 3?" „Es ist 15:36 Uhr. Wann fährt der Bus zum Bahnhof?" „Sie wollen zum Bahnhof. Können Sie mit dem Bus Linie 3 fahren?" „Welche Linie fährt zum Krankenhaus?" „Wie viel kostet eine Busfahrkarte für ein Kind (7 Jahre)?".

Tipp zu S. 198, Aufg. 1 c: Bringen Sie einen Innenstadtplan des Kursorts sowie Prospekte von Sehenswürdigkeiten mit. Die KT beschreiben, wohin Sie nach dem Kurs gehen. Sie nennen den Ort nicht, beschreiben nur den Weg dahin. Die anderen KT hören die Wegbeschreibung und nennen am Ende das Ziel.
Variante: Bringen Sie einen Innenstadtplan des Kursorts mit. Bringen Sie dazu die Adressen von wichtigen öffentlichen Einrichtungen mit (Meldeamt, Rathaus, Post, Schulamt, Jobcenter etc.). Die KT zeichnen die Orte im Stadtplan ein und fügen eigene wichtige Orte hinzu.

Bildquellen

Die Platzierung der Fotos wird jeweils mit der Seitenzahl und der Aufgabe angegeben (S. 7/6a = Seite 7, Aufgabe 6a). Die Nennung erfolgt, wenn nicht anders angegeben, von links nach rechts.

Cover: 1. Reihe: ClipDealer/Karl-Heinz Spremberg; Shutterstock/360b; Deutscher Apothekerverband (DAV) e.V.; Shutterstock/Heiko Kueverling; Fotolia/ClaraNila; ClipDealer/YorkBerlin; 2. Reihe: Fotolia/de.photographie; Fotolia/Bjoern Wylezich; Deutsche Bahn AG/Volker Emersleben; Shutterstock/Vedmed85; Fotolia/fovito; **Umschlag innen**: Colourbox; Shutterstock/studiovin; **S. 4/1** Cornelsen/Hugo Herold – Fotokunst, Michael Herold; **S. 6/5a** Shutterstock/Tupungato; **S. 7/6a** Fotolia/Pavlo Kucherov; Shutterstock/Maks Narodenko; Shutterstock/Madlen; Shutterstock/Mega Pixel; Shutterstock/Hintau Aliaksei; **S. 7/9a** Shutterstock/Skumer; Shutterstock/MJTH; **S. 8/1a** links: Shutterstock/Monkey Business Images; rechts: Shutterstock/Odua Images; **S. 10/5** Shutterstock/Peter Zijlstra (Birne); Shutterstock/GorillaAttack (Milch); Fotolia/Mariusz Blach (Melone); **S. 11/6** Fotolia/www.highspeedfotos.de; Fotolia/Wolfgang Mücke; Fotolia/ExQuisine; Fotolia/Mariusz Blach; Fotolia/taddle; **S. 12/3** Fotolia/www.highspeedfotos.de; fotolia/Marek Kosmal; Fotolia/Pavlo Kucherov; **S. 14/6** Wolfgang Mücke (Salami); Shutterstock/Madlen (Salat); Shutterstock/Africa Studio (Pizza); Fotolia/Alexander Raths (Champignons); Fotolia/© Markus Mainka (www.markus-mainka.de) (Zwiebel); **S. 15/7** Shutterstock/Max Maier; Shutterstock/angelo gilardelli; Shutterstock/Nixx Photography; Shutterstock/azure1; Shutterstock/mohd izuan; **S. 18/1** Cornelsen/Hugo Herold – Fotokunst, Michael Herold; **S. 20/6** Shutterstock/BlueOrange Studio; **S. 21/7a** Shutterstock/pikselstock; Shutterstock/Pressmaster; Fotolia/Nina Hilitukha; **S. 21/7b** Shutterstock/Pixelspieler; Shutterstock/Africa Studio; Shutterstock/Madlen; Fotolia/ExQuisine; Fotolia/Pakhnyushchyy; Fotolia/friday909; Shutterstock/GorillaAttack; **S. 21/10** (essen) Fotolia/Wolfgang Mücke (Salami); Shutterstock/Africa Studio (Pizza); Shutterstock/Svitlana-ua (Nudeln); Shutterstock/Hintau Aliaksei (Ananas); Shutterstock/Madlen (Salat); Fotolia/Mariusz Blach (Melone); **S. 21/10** (trinken) Fotolia/Pakhnyushchyy; Fotolia/friday909; Shutterstock/Alex Staroseltsev; Shutterstock/GorillaAttack; **S. 24/6** Fotolia/Robert Kneschke; **S. 25/7** Shutterstock/Danny E Hooks; Shutterstock/nortongo; Shutterstock/Alex Staroseltsev; Shutterstock/Yevgen Romanenko; Fotolia/Picture Partners; **S. 25/10** 1. Reihe: Fotolia/philipk76; Fotolia/iconincs; Fotolia/Route16; **S. 25/10** 2. Reihe: Fotolia/Turgay Koca; Shutterstock/railway fx; Fotolia/Vacilando; **S. 26/1** Cornelsen/Hugo Herold – Fotokunst, Michael Herold; **S. 29/7a** Shutterstock/aerogondo2; Shutterstock/Pixelspieler; Shutterstock/RACOBOVT; Shutterstock/freedomnaruk; Shutterstock/Billion Photos; **S. 30/1** 1. Reihe: Shutterstock/Africa Studio; Shutterstock/Madlen; Shutterstock/Alex Staroseltsev; Shutterstock/Yevgen Romanenko; **S. 30/1** 3. Reihe: Shutterstock/mohd izuan; Shutterstock/Nixx Photography; Shutterstock/azure1; Fotolia/taddle; **S. 32/3** Fotolia/taddle; Shutterstock/mohd izuan Shutterstock/Madlen; Shutterstock/studio on line; Shutterstock/gualtiero boffi; Fotolia/rgbdigital.co.uk; **S. 33/5** Fotolia/philipk76 (Flagge); Shutterstock/Flashon Studio (Frau); Shutterstock/Yun Shirokov (Tee); Shutterstock/Madlen (Salat); Shutterstock/Africa Studio (Pizza); Shutterstock/Yevgen Romanenko (Käse); **S. 34/1** links: Shutterstock/wavebreakmedia; **S. 34/1** rechts 1. Reihe: Fotolia/jackfrog; Fotolia/Sylvain SONNET; rechts 2. Reihe: Fotolia/Minerva Studio; Fotolia/Alena Ozerova; **S. 37/7** Fotolia/Monkey Business; **S. 38/1** Shutterstock/Phovoir; Shutterstock/VERSUSstudio (Ringe im Bild); Shutterstock/leungchopan; Shutterstock/Daniel M Ernst; **S. 41/7** Glow Images/©2009 Erik Isakson Photographics; **S. 42/1** links: Shutterstock/Merla; rechts 1. Reihe: Shutterstock/legenda; Fotolia/© Rido; rechts 2. Reihe: Shutterstock/Andrey_Popov; **S. 45/7** Fotolia/dima_pics; Fotolia/rdnzl; Fotolia/Igor Tarasov; Shutterstock/Everything; Fotolia/gradt; **S. 45/10** rechts: Shutterstock/studiovin; links: Fotolia/Igor Tarasov; **S. 46/1** Shutterstock/Giambra; (zu 1) Fotolia/railwayfx; Shutterstock/kurhan; (zu 2) Fotolia/philipk76; Shutterstock/eurobanks; (zu 3) Fotolia/Turgay Koca; **S. 46/2** Fotolia/Monkey Business; Fotolia/ExQuisine; Fotolia/demidoff; Shutterstock/antonnot; Fotolia/terex; Fotolia/by-studio; **S. 48/1** Fotolia/WavebreakmediaMicro; Fotolia/Saenco Oleg; Fotolia/lenets_tan; Shutterstock/Vladitto; Fotolia/JackF; **S. 51/8** Shutterstock/michaeljung; Shutterstock/NakoPhotography; Shutterstock/Merla; Shutterstock/Alexander Raths; **S. 51/10** Shutterstock/Monkey Business Images; Shutterstock/Monkey Business Images; **S. 52/1a** Shutterstock/goodluz; Shutterstock/goodluz; **S. 52/1b** Fotolia/contrastwerkstatt; Shutterstock/NakoPhotography; Shutterstock/Alexander Raths; Shutterstock/Monkey Business Images; Shutterstock/El Nariz; **S. 54/7** Shutterstock/sittitap; Shutterstock/AnnaGarmatiy; Shutterstock/iCreative3D; Fotolia/Gerhard Ledwinka; Shutterstock/Rafael Croonen; Shutterstock/Eternalfeelings; Fotolia/taddle; Fotolia/Jeka84; **S. 55/8a** 1. Reihe: Fotolia/Irina K.; Fotolia/Mara Zemgaliete; Fotolia/Pavel Ivanov; Fotolia/Barbara Pheby; Fotolia/ALF photo; **S. 55/8b** 2. Reihe: Shutterstock/Yevgen Romanenko; Fotolia/Picture Partners; Fotolia/Irina K.; Fotolia/Pakhnyushchyy; Shutterstock/Alex Staroseltsev; Shutterstock/nortongo; **S. 56/1** Fotolia/contrastwerkstatt; Fotolia/JackF; **S. 58/5** Shutterstock/Piotr Krzeslak; Shutterstock/azure1; Shutterstock/Sharon Day; Shutterstock/angelo gilardelli; Fotolia/Gerhard Ledwinka; **S. 59/10** Fotolia/Antonioguillem; Fotolia/Robert Kneschke; Shutterstock/Alexander Raths; Shutterstock/gyn9037; Shutterstock/ESB Professional; **S. 60/1** Shutterstock/nd3000; Shutterstock/wavebreakmedia; Shutterstock/Syda Productions; **S. 62/3b** Fotolia/vladimirfloyd; Fotolia/Wolfgang Mücke; Shutterstock/angelo gilardelli; **S. 64/1** oben: Fotolia/www.foto-und-mehr.de unten: Shutterstock/ESB Professional **S. 66/4** Fotolia/stockphoto-graf; Shutterstock/Danny E Hooks; imago stock&people; Shutterstock/Claudio Divizia; Shutterstock/Svitlana-ua; Fotolia/Xaver Klaussner; **S. 67/7a**

Fotolia/Sam Shapiro; Fotolia/kelifamily; Shutterstock/underworld; Fotolia/ArTo; Fotolia/Marco2811; **S. 71/7a** Fotolia/bluebat; Fotolia/Rob Stark; Fotolia/taddle; Shutterstock/Maks Narodenko; Shutterstock/oriori; Shutterstock/Pawle; Shutterstock/nartt; **S. 72/1** Shutterstock/digitalskillet; **S. 74/4** Shutterstock/nartt; Fotolia/goritza; Fotolia/srki66; Fotolia/Henry Schmitt; Fotolia/WunderBild; Shutterstock/underworld; **S. 74/6** Fotolia/Marco Scisetti; Fotolia/Beboy; **S. 75/10** Fotolia/contrastwerkstatt; Shutterstock/wavebreakmedia; Shutterstock/LuckyImages; **S. 76/1** Fotolia/Markus Bechtle; Fotolia/Wanja Jacob; **S. 78/1b** Fotolia/Hellbach; Fotolia/Rido; Fotolia/Kzenon; Fotolia/Robert Kneschke; Fotolia/nachbelichtet; **S. 80/4** Fotolia/stockphoto-graf; Fotolia/by-studio; Fotolia/DragonImages; Fotolia/beermedia.de; Fotolia/Mara Zemgaliete; Fotolia/koya979; **S. 81/7** Fotolia/Hans-Jörg Nisch; Fotolia/by-studio; Fotolia/Schlierner; fotolia/photoGrapHie; Fotolia/by-studio; **S. 84/6** Fotolia/made_by_nana; Fotolia/Nele_100; Fotolia/Zerbor; Fotolia/helmutvogler; Fotolia/Nele_100; **S. 85/7** Fotolia/Robert Kneschke; Fotolia/Robert Kneschke; Fotolia/contrastwerkstatt; imago stock&people; Fotolia/Kzenon; **S. 86/1** Shutterstock ESB Professional; **S. 88/4** Fotolia/gradt; Fotolia/koya979; Bundesministerium des Innern /Bundesdruckerei GmbH, Berlin; Fotolia/BlickReflex.de; Fotolia/seen0001; Shutterstock/nortongo; **S. 88/6** 1. Reihe: Fotolia/taddle; Fotolia/Alon Harel; Fotolia/JJAVA; Shutterstock/StephanieFraikin; Fotolia/Oliver Boehmer – bluedesign®; **S. 88/6** 2. Reihe: Fotolia/Waler; Shutterstock/Martin Christopher Parker; Fotolia/Benjamin Duda; Fotolia/Unclesam; Fotolia/babimu; Fotolia/ArTo; **S. 89/7** Fotolia/Alexander Zamaraev; Deutsche Bahn AG; Shutterstock/antonnot; Shutterstock/Claudio Divizia; Deutsche Bahn AG; **S. 90/1** 1. Reihe: Fotolia/Robert Kneschke; Cornelsen/Macksensen; **S. 90/1** 2. Reihe: Cornelsen/Macksensen; Fotolia/WavebreakmediaMicro; Fotolia/contrastwerkstatt; Shutterstock/Africa Studio; Fotolia/Fotoimpressionen; Fotolia/alephnull; **S. 93/6** links 1. Reihe: Fotolia/Turgay Koca; Fotolia/Peter Atkins; Fotolia/Pakhnyushchyy; links 2. Reihe: Fotolia/by-studio; Fotolia/Igor Tarasov; **S. 93/6** rechts 1. Reihe: Fotolia/philipk76; Fotolia/contrastwerkstatt; Fotolia/friday909; rechts 2. Reihe: Fotolia/by-studio; Fotolia/by-studio; **S. 94/1b** 1. Reihe: Fotolia/contrastwerkstatt; Shutterstock/LuckyImages; Fotolia/lev dolgachov; 2. Reihe: Fotolia/© 2015 Markus W. Lambrecht; Shutterstock/AVAVA; **S. 98/1** Fotolia/id7100; Fotolia/rocketclips; **S. 101/7** © ARD; Cornelsen/Rohrmann; Deutsche Bahn AG; Fotolia/Sanders; Fotolia/Marco2811; **S. 101/11** Fotolia/Adam Gregor; Fotolia/contrastwerkstatt; Fotolia/creative studio; **S. 102/1b** 1. Reihe: Fotolia/egiadone; Fotolia/Marco2811; 2. Reihe: Fotolia/claudiaveja; Fotolia/Jürgen Fälchle; **S. 104/4** Fotolia/taddle; Fotolia/seen; Fotolia Alexander Raths; Shutterstock/Mega Pixel; Fotolia/tournee; **S. 108/3** Fotolia/womue; Fotolia/kostyha; Shutterstock/StockLite; Shutterstock/kurhan; Fotolia/Alexandra Karamyshev; Fotolia/terex; Fotolia/Alexandra Karamyshev; Shutterstock/Novitech; **S. 108/1a** links: Clip Dealer/Wavebreak Media LTD; rechts oben: Fotolia/Erwin Wodicka; rechts unten: Fotolia/ehrenberg-bilder; Fotolia/Marco2811 (Rahmen); **S. 111/8** Fotolia/JenkoAtaman; **S. 111/9b** Fotolia/elkin & Co; Fotolia/Coffeechocolates; Fotolia/Heinz Waldukat; Fotolia/Kzenon; **S. 112/1c** Fotolia/Petra Steinkuehler-Nitschke; **S. 115/9** Fotolia/Henry Schmitt; Fotolia/katenov1234; Fotolia/Monkey Business; **S. 115/8** Fotolia/Petra Steinkuehler-Nitschke; **S. 119/8** Fotolia/emeraldphoto; Fotolia/S.H. exclusiv; Fotolia/Andrzej Tokarski; Fotolia/Hawg; **S. 120/1** oben: Shutterstock/Kaesler Media; unten: Shutterstock/MA8; **S. 122/1** Fotolia/Eric Gevaert, **S. 124/1a** Fotolia/Gina Sanders; **S. 124/1b** Fotolia/womue; Fotolia/Roman Samokhin; Fotolia/Qyzz; Fotolia/ExQuisine; Fotolia/rdnzl; **S. 124/1c** Fotolia/womue; Fotolia/Roman Samokhin; Fotolia/ExQuisine; Fotolia/rdnz, **S. 126/6a** Fotolia/Mara Zemgaliete; Fotolia/rdnzl; Fotolia/Olga Lyubkin; Fotolia/Picture-Factory; Fotolia/pit24; **S. 127/8** Cornelsen/Herold; **S. 127/10** Shutterstock/YAKOBCHUK VIACHESLAV; **S. 128/1** 1. Reihe: Fotolia/rdnzl; Fotolia/Picture-Factory; Fotolia/Torsten Schon; **S. 128/1** 2. Reihe: Fotolia/Dmitri Stalnuhhin; Fotolia/Jiri Hera; Fotolia/M. Schuppich; **S. 128/1** 3. Reihe: Fotolia/seite3; Fotolia/by-studio; Fotolia/Murat Subatli; **S. 130/6** Fotolia/Александр Беспалый; Fotolia/by-studio; Fotolia/Jiri Hera; Fotolia/by-studio; Fotolia/seite3; Shutterstock/M. Unal Ozmen; **S. 131/9** Fotolia/Beboy; Fotolia/womue; Fotolia/siraphol; Fotolia/amnachphoto; Fotolia/ExQuisine; **S. 132/1** Fotolia/gena96; Fotolia/honda vita; Shutterstock/ayzek; **S. 134/6a** 1. Reihe: Shutterstock/ARTYuSTUDIO; Fotolia/© casanowe; **S. 134/6a** 2. Reihe: Shutterstock/Andrea Leone; Shutterstock/Pavel L Photo and Video; **S. 134/6a** 3. Reihe: Fotolia/by-studio; fotolia/Marek Kosmal; **S. 135/9** 1. Reihe: Fotolia/Viktor Cap 2013; **S. 135/9** 2. Reihe: Shutterstock/ARTYuSTUDIO; Fotolia/by-studio; Shutterstock/Andrea Leone; Shutterstock/ayzek; Shutterstock/Everything; Fotolia/honda vita; **S. 136/1** 1. Reihe: Fotolia/ALF photo; Fotolia/Erich Muecke; Fotolia/marina kuchenbecker; Fotolia/Barbara Pheby; Fotolia/Barbara Pheby; **S. 136/1** 2. Reihe: Fotolia/rdnzl; Shutterstock/GorillaAttack; Fotolia/ExQuisine; Fotolia/Swapan; Fotolia/womue; **S. 137/5** Shutterstock/LuckyImages; **S. 140/6b** Fotolia/JackF; Shutterstock/Marasi; Shutterstock/Monkey Business Images; Fotolia/©Rido; Fotolia/Erwin Wodicka; **S. 141/8** Shutterstock/Phovoir; Fotolia/Korta; **S. 141/10** Shutterstock/legenda; Shutterstock/Andrey_Popov; Shutterstock/Daxiao Productions; Shutterstock/Merla; Shutterstock/Robert Kneschke; Shutterstock/NakoPhotography; **S. 144/6a** Shutterstock/Alfred Nesswetha; Fotolia/ExQuisine; Fotolia/karepa; **S. 144/7a** oben: Fotolia/lev dolgachov; Fotolia/atmospheric; **S. 145/8** Shutterstock/BlueOrange Studio; **S. 145/9** Fotolia/Yuliya Ermakova; **S. 149/10** Cornelsen/Macksensen; Fotolia/D.Vasques; Fotolia/TURAN SEZER; Fotolia/karandaev; Shutterstock/paul prescott; Fotolia/Alexandr Bognat; Fotolia/contrastwerkstatt; Shutterstock/Andrea Leone; **S. 152/1** links oben: Shutterstock/Roman Babakin; links unten: Shutterstock/Sergey Kohl; rechts: Shutterstock/canadastock; **S. 154/1** 1. Reihe: Colourbox; Fotolia/terex; **S. 154/1** 2. Reihe: Fotolia/demidoff; Fotolia/Aleksandr Lobanov; Fotolia/H. Brauer; Shutterstock/Maffi; **S. 155/4** 1. Reihe: Fotolia/Sam Shapiro; Fotolia/Wolfilser; Fotolia/Pakhnyushchyy; **S. 155** 2. Reihe: Fotolia/simonwhitehurst; Fotolia/doris oberfrank-list; Fotolia/© Daniel Nimmervoll; **S. 156/5** Illustration unter Verwendung von: Fotolia/terex (Mantel); Shutterstock/Maffi (Bluse); Fotolia/GeoM (Socken); Fotolia/Andrey Armyagov (Hemd); Fotolia/Vasina Nazarenko (Damenschuhe); Colourbox (Kleid), Fotolia/Aleksandr Lobanov (Herrenschuhe); Shutterstock/elenovsky (Pullover); Fotolia/Elnur (Lederjacke); Fotolia/vinzstudio (T-Shirt); Fotolia/terex (Bluse/Rock); Fotolia/eightstock (Pullover); Fotolia/demidoff (Hose); **S. 157/7** 1. Reihe: Fotolia/BEAUTYofLIFE; Fotolia/demidoff; **S. 157/7** 3. Reihe: Fotolia/babimu; Fotolia/taddle; **S. 158/1a** Cornelsen Verlag/Wilhelmi; **S. 158/1c** Fotolia/srki66; Fotolia/eightstock; Fotolia/H. Brauer; Shutterstock/BEAUTYofLIFE; Fotolia/demidoff; Fotolia/Elnur; **S. 160/5** 1. Reihe: Colourbox; Fotolia/siraphol; Shutterstock/elenovsky; **S. 160/5** 2. Reihe: Fotolia/ballabeyla; Shutterstock/TerraceStudio; Fotolia/Cello Armstrong; **S. 160/6** 1. Reihe: PantherMedia/Nicole Effinger; Fotolia/Cello Armstrong; **S. 160/6** 2. Reihe: Fotolia/

BEAUTYofLIFE; Fotolia/ballabeyla; **S. 162/1** Fotolia/Zeabi; **S. 162/2** Fotolia/Stills-Online; Fotolia/Aleksandr Lobanov; Colourbox; **S. 164/1** Image Source © Fstop; **S. 167/7** Fotolia/emeraldphoto; Fotolia/refresh(PIX); **S. 168/1** oben: Cornelsen Verlag/Hugo Herold; **S. 168/1** mittlere Reihe: Shutterstock/ARTYuSTUDIO; Fotolia/casanowe; Fotolia/honda vita; Fotolia/gena96; **S. 170/5** Fotolia/Figge; Colourbox; Fotolia/Tilio & Paolo; **S. 171/6** Shutterstock/MaxFX; **S. 172/1** 1. Reihe: Fotolia/honda vita; Shutterstock/Pavel L Photo and Video; Fotolia/casanowe; **S. 172/1** 2. Reihe: Fotolia/gradt; Shutterstock/ARTYuSTUDIO; Shutterstock/narokzaad; **S. 173/5** Illustration unter Verwendung von: Shutterstock/Andrea Leone; Shutterstock/ayzek; Fotolia/casanowe; Fotolia/honda vita; **S. 174/1** Shutterstock/bikeriderlondon; **S. 174/2** Shutterstock/Firma V; **S. 175/3** 1. Reihe: fotolia/Marek Kosmal (Lampe); Shutterstock/Maffi (Bluse); Fotolia/gena96 (Stühle); **S. 175/3** 2. Reihe: Shutterstock/ARTYuSTUDIO (Schrank); Fotolia/Aleksandr Lobanov (Anzug); Shutterstock/BEAUTYofLIFE (T-Shirt); Colourbox (Schuhe); Fotolia/© casanowe (Couch); **S. 176/1** Shutterstock/Iakov Filimonov; **S. 177/5** Shutterstock/Marius Pirvu; **S. 178/6** Fotolia/ZoneCreative S.r.l.; Shutterstock/Elena Kharichkina; **S. 180/1** Fotolia/WavebreakMediaMicro; Fotolia/V&P Photo Studio; Fotolia/Erwin Wodicka; **S. 181/4** Deutscher Caritasverband e.V., Freiburg; Fotolia/lupico; Fotolia/Wendland; **S. 181/5** Fotolia/luna; Shutterstock/Laurin Rinder; Shutterstock/Simone van den Berg; Shutterstock/gorillaimages; **S. 182/6** Fotolia/RioPatuca; Fotolia/oneblink1; Fotolia/upixa (oben); Fotolia/Grzegorz Kwolek (unten); Fotolia/contrastwerkstatt; **S. 184/1** Fotolia/Doris Heinrichs; **S. 186/5b** Fotolia/Pakhnyushchyy (Tee); Fotolia/n3d-artphoto.com (Tabletten); Fotolia/monropic (Hustensaft); Fotolia/Waldbach (Nasenspray); Shutterstock/Andrea Leone (Bett); 186/6 Shutterstock/Monkey Business Images; **S. 190/1a** 1. Reihe: Cornelsen Verlag/Wilhelmi; © REWE Group, Köln/Joerg Eberl; Colourbox; Fotolia/kameraauge; 2. Reihe: Colourbox; Fotolia/HappyAlex; Fotolia/Eric Gevaert; Fotolia/kameraauge; Shutterstock/Claudio Divizia; Deutsche Bahn AG; Fotolia/Alexander Zamaraev; 3. Reihe: © REWE Group, Köln/Joerg Eberl; Fotolia/ArTo; **S. 191/4** Fotolia/bmf-foto.de (Hand); Fotolia/www.ChristianSchwier.de (Fuß); Shutterstock/nortongo (Glas); Fotolia/Pakhnyushchyy (Tee); Fotolia/siraphol (karierte Socken); Shutterstock/TerraceStudio (Babysocken); Fotolia/mirpic (Fußball); Shutterstock/underworld (Straße); Fotolia/ArTo (Marktplatz); **S. 198/1** Stadt Münster, Vermessungs- und Katasteramt; **S. 199/4** 1. Reihe: Fotolia/fotofabrika; Fotolia/oneblink1; Fotolia/Kim; Shutterstock/Stuart Monk; **S. 199/4** 3. Reihe: Fotolia/upixa; Fotolia/Matthias Buehner; Shutterstock/Stuart Monk; **S. 200/5** Fotolia/Gina Sanders; Fotolia/Marco2811; Fotolia/ArTo; **S. 202/1** Fotolia/contrastwerkstatt; Fotolia/V&P Photo Studio; Colourbox; Fotolia/HappyAlex; Fotolia/contrastwerkstatt; **S. 204/5** 1. Reihe: Fotolia/contrastwerkstatt; Fotolia/Minerva Studio; Shutterstock/Corepics VOF; **S. 204/5** 2. Reihe: Fotolia/Kzenon; Fotolia/Sergey Ryzhov; Fotolia/JLPfeifer; **S. 204/6** Fotolia/JLPfeifer; Fotolia/contrastwerkstatt; Fotolia/HappyAlex; Fotolia/contrastwerkstatt; Colourbox; **S. 206/1** Clip Dealer/YorkBerlin (U-Bahn); Deutsche Post DHL Group, Bonn (Briefkasten); Deutscher Apothekerverband (DAV) e.V.; Shutterstock/Heiko Kueverling (Apotheke); Fotolia/magicworld (Taxi); Fotolia/Detailfoto (Parkplatz); Fotolia/markus_marb (Notausgang); Shutterstock/Julia Kuznetsova (Sparkasse); Fotolia/Bjoern Wylezich (Halteschild); Deutsche Bahn AG (DB); **S. 209/3a** Cornelsen/Macksensen; Fotolia/D.Vasques (mp3-Player); Fotolia/TURAN SEZER; Fotolia/Alexandr Bognat; Fotolia/kameraauge; Fotolia/Alexander Zamaraev; Fotolia/Eric Gevaert; Deutsche Bahn AG; **S. 213** links: Fotolia/ZoneCreative S.r.l.; **S. 213** rechts: Shutterstock/Elena Kharichkina; **S. 214** 1. Reihe: Fotolia/Figge; Fotolia/jazavac; 2. Reihe: Fotolia/Joerg Lantelme; Colourbox.

ALPHAPLUS

Basiskurs Alphabetisierung | Deutsch als Zweitsprache

Im Auftrag des Verlages erarbeitet von Peter Hubertus und Vecih Yaşaner

In Zusammenarbeit mit der Redaktion: Andrea Mackensen sowie Anita Grunwald
Bildredaktion: Franziska Becker, Berlin
Beratende Mitwirkung: Verena Dreißig

Illustrationen: Matthias Pflügner
Umschlaggestaltung: EYES-OPEN, Berlin
Layout und technische Umsetzung: Anna Bakalović, Buchgestaltung+, Berlin

Soweit in diesem Lehrwerk Personen fotografisch abgebildet sind und ihnen von der Redaktion fiktive Namen, Berufe, Dialoge und Ähnliches zugeordnet oder diese Personen in bestimmte Kontexte gesetzt werden, dienen diese Zuordnungen und Darstellungen ausschließlich der Veranschaulichung und dem besseren Verständnis des Inhalts.

www.cornelsen.de

1. Auflage, 1. Druck 2017

Alle Drucke dieser Auflage sind inhaltlich unverändert und können im Unterricht nebeneinander verwendet werden.

© 2017 Cornelsen Verlag GmbH, Berlin

Das Werk und seine Teile sind urheberrechtlich geschützt. Jede Nutzung in anderen als den gesetzlich zugelassenen Fällen bedarf der vorherigen schriftlichen Einwilligung des Verlages. Hinweis zu den §§ 46, 52a UrhG: Weder das Werk noch seine Teile dürfen ohne eine solche Einwilligung eingescannt und in ein Netzwerk eingestellt oder sonst öffentlich zugänglich gemacht werden. Dies gilt auch für Intranets von Schulen und sonstigen Bildungseinrichtungen.

Druck: Firmengruppe APPL, aprinta Druck, Wemding

ISBN 978-3-06-520904-5